Histórias lindas de morrer

Ana Claudia
Quintana Arantes

Histórias lindas de morrer

SEXTANTE

Copyright © 2020 por Ana Claudia de Lima Quintana Arantes

Todos os direitos reservados. Nenhuma parte deste livro pode ser utilizada ou reproduzida sob quaisquer meios existentes sem autorização por escrito dos editores.

Todos os esforços foram feitos para creditar devidamente todos os detentores dos direitos das citações deste livro. Eventuais omissões de crédito e copyright não são intencionais e serão devidamente solucionadas nas próximas edições, bastando que seus proprietários entrem em contato com os editores.

edição: Sibelle Pedral
preparo de originais: Sheila Louzada
revisão: Ana Grillo e Hermínia Totti
diagramação: Valéria Teixeira
capa: Angelo Bottino
imagem de capa: VII-photo/ iStock
impressão e acabamento: Bartira Gráfica

CIP-BRASIL. CATALOGAÇÃO NA PUBLICAÇÃO
SINDICATO NACIONAL DOS EDITORES DE LIVROS, RJ

A683h

Arantes, Ana Claudia Quintana
Histórias lindas de morrer/ Ana Claudia Quintana Arantes. Rio de Janeiro: Sextante, 2020.
224 p.; 14 x 21 cm.

ISBN 978-85-431-0954-1

1. Morte – Aspectos psicológicos. 2. Pacientes terminais – Psicologia. 3. Pessoal da área médica e pacientes. 4. Assistência terminal – Aspectos psicológicos. I. Título.

20-62371

CDD: 155.937
CDU: 159.942.5:393.7

Todos os direitos reservados, no Brasil, por
GMT Editores Ltda.
Rua Voluntários da Pátria, 45 – 14º andar – Botafogo
22270-000 – Rio de Janeiro – RJ
Tel.: (21) 2538-4100
E-mail: atendimento@sextante.com.br
www.sextante.com.br

Aos meus filhos,
frutos lindos de muito amor,

Maria Paula e
Henrique

SUMÁRIO

Introdução	9
P. e o sentido sagrado da entrega	17
Dona J. e a justiça mais justa	35
R. e o amor guardado em um cérebro adormecido	49
C. e a serenidade dos ateus	59
F. e a essência da gentileza	71
E. e a dor de todas as mães do mundo	85
H. e a última grande revelação	95
A.M. e a sabedoria dos que não sabem	105
M., C. e o perdão que vem antes da culpa	119
O. e a reunião de família para além da vida	129
V. e os desafios da amizade	141
M. e a oferenda do sofrimento	157
P.H., A. e a conexão perene do amor	169

l. e a generosidade de quem cuida de
quem cuida, até o último instante — 179

Pai e mãe — 187

Umas poucas palavras sobre a morte perfeita — 213

Epílogo
Pequeno manual para falar a verdade — 217

Créditos das citações — 222

Agradecimentos — 223

INTRODUÇÃO

*Quando as pernas deixarem de andar, caminharemos pelas memórias.
Quando as pernas deixarem de andar e os olhos deixarem de ver, caminharemos pelas memórias e estas serão nítidas.
Quando as pernas deixarem de andar e os olhos deixarem de ver e os ouvidos deixarem de ouvir, caminharemos pelas memórias e estas serão nítidas e vozes esquecidas contarão tudo de novo.*

Susana Moreira Marques

Não um livro sobre mortes, mas um livro sobre vidas. Sobre como viver não apenas "sobre"vivendo – à margem, à parte, separado do viver de verdade. Para aqueles que acreditam que a busca da verdade se dá pelo conhecimento, pode ser uma epifania. A revelação de que a verdade não é uma teoria bem explicada, mas uma experiência. Saberemos a verdade sobre tudo o que pensamos ser verdade apenas no momento em que conseguirmos abrir mão de certezas e abraçar o desconhecido mundo da entrega à vida; da entrega ao Amor pela vida.

Tenho passado por incontáveis vidas presenciando o sofrimento e proporcionando, por meio do alívio da dor, experiências incríveis de superação, de coragem, de amor, de fé, de humor, de felicidade. Sim, acreditem: a vida digna e feliz é possível até nosso último momento. A felicidade de se saber importante, digno de ser lembrado, ouvido e respeitado é algo que penso ser indispensável no roteiro a que estamos sendo expostos nesta vida.

Sou médica e, dentro da medicina, escolhi olhar para o sofrimento que a morte e a consciência da finitude podem trazer.

Ao longo do curso, na Universidade de São Paulo (USP), várias vezes pensei em desistir. Essa ideia se fez especialmente forte quando um professor me disse que não havia nada a fazer por um paciente que, encontrando-se no estágio mais avançado de uma doença e sentindo muita dor, não recebia tratamento para seu sofrimento total – ou seja, físico, mas também psicológico, social e espiritual. Naquela época – 1990 –, creio que o conhecimento sobre como agir em situações limítrofes como essa ainda não estava disponível no Brasil, embora na Inglaterra, por exemplo, se discutisse o assunto desde pouco antes de 1970. Eu identificava também certo conformismo diante da dor do outro em seus momentos finais. Indignada e me sentindo impotente, passei por uma crise não apenas vocacional como também existencial, enorme o suficiente para caber nos meus 20 e poucos anos. Tranquei a matrícula da faculdade e guardei a chave daquele templo que eu ainda não conseguia entender. Acabei voltando, mas a crise só encontrou um alívio quando, durante a residência em Geriatria e Gerontologia no Hospital das Clínicas, li uma carta de alforria para a ignorância daqueles que presenciam sofrimentos e não sabem como cuidar de tudo que cerca a morte de um ser humano: *Sobre a morte e o morrer*, da médica suíça Elisabeth Kübler-Ross. Foi ali que decidi me dedicar a aprender essa grandeza de conhecimento e sabedoria.

Me especializei em Cuidados Paliativos, recebendo o diploma do Instituto Pallium e da Universidade de Oxford. Desde então, não parei mais. Implementei os primeiros protocolos assistenciais e políticas em cuidados paliativos no Hospital Israelita Albert Einstein, em São Paulo, e por cinco anos fui a médica responsável pelo Hospice, a unidade de cuidados paliativos do Hospital das Clínicas da Faculdade de Medicina da USP (HCFMUSP). Todos os dias encontro pessoas que estão prestes a encerrar sua história por esta vida. Meu segundo livro (o primeiro foi de poesia, *Linhas pares*, de 2012, publicação independente), com o inquietante título *A morte é um dia que vale a pena viver* (Sextante, 2019), superou as expectativas mais otimistas em relação ao interesse que despertaria e ao desempenho nas livrarias. É uma reflexão sobre sofrimento, finitude e a necessidade de repensarmos nossa relação com a morte e com tudo que ela pode significar. Essa trajetória me colocou em contato diário com histórias de pessoas que se descobriram muito vivas sem precisar de nenhum diagnóstico de adoecimento fatal, pessoas que perceberam o valor da vida sem que precisassem, para isso, se aproximar da morte.

Cada um dos personagens deste livro é um convidado de honra na minha existência como médica e como ser humano. Tive o cuidado de proteger a identidade deles usando apenas iniciais e alterando alguma informação, seja idade, tempo de vida ou diagnóstico, pois o que importa dessa verdade compartilhada vem da sabedoria dos diálogos, dos encontros, dos silêncios.

Não seria justo dizer que estão aqui as melhores histórias; estão aquelas que contemplaram a diversidade de aprendizados que torna a vida tão bela e tão cheia de sentido exatamente porque termina. Uma vida que está se encerrando guarda um poder imenso de transformar outras vidas ao redor, com um toque de amor e generosidade que, para muitos, só será uma experiência possível no tempo de morrer. Partilho aqui alguns dos momentos reveladores em que a presença iminente da morte foi capaz de despertar o melhor de cada um, transformando o final da existência em uma epifania, uma descoberta. Cada linha deste livro foi escrita com vida de verdade e traz meu testemunho de histórias extraordinárias.

Quando se está próximo da morte, a percepção do que realmente importa viver se intensifica de maneira profunda. Tudo que não faz sentido para uma vida plena perde espaço, por mais que tenha sido valorizado no passado. As convenções sociais, os papéis impostos, o medo de encontrar olhos que digam tudo a respeito de sentimentos verdadeiros, tudo isso desaparece. Uma pessoa que sabe de sua morte iminente pode se tornar a mais sábia em relação à própria vida, que agora se revela em beleza e cores jamais vistas.

Evidentemente, nada disso ocorrerá na presença de sofrimento intenso, ainda mais se for físico. Só podemos vislumbrar a beleza de nossa existência se o corpo estiver confortável, sem dor, sem falta de ar. Também precisaremos de pessoas à nossa volta que saibam ouvir nossos medos e desejos em relação a esse tempo de terminar.

Quando cuido de pessoas que morrem enfrentando a própria fragilidade com o máximo de potência e coragem, encontro seres humanos no ápice de sua sabedoria. Agora, imagine que cada um desses seres humanos que encontrei ao longo de minhas peregrinações como médica paliativista pudesse estar com você por uma noite para revelar o segredo da vida. Imagine que cada um desses mestres chegasse à sua casa para uma conversa a sós, com um sorriso de total disponibilidade, presente e iluminado, tendo como único propósito ensinar a você o que realmente importa aprender. Essa pessoa já completou sua vida. Já tem seu diploma, um legado reconhecido, e agora pode lhe mostrar o caminho que a fez chegar dessa forma diante de você, pronta para ouvir as angústias e dúvidas dos tempos que você atravessa agora. Imagine que a sabedoria de cada pessoa que se expressa aqui, por meio das minhas memórias, está a serviço de ouvir suas inquietações e seus temores, oferecendo amparo e escuta.

Jamais esquecerei essas pessoas e gostaria que você as conhecesse neste livro. Receba-as uma por vez, em uma noite fria, saboreando uma bebida que aquece, ou em uma noite quente, permitindo que uma brisa leve e fresca transporte seu coração a esse encontro sagrado entre quem vive e quem soube viver. Procure valorizar cada ensinamento, cada palavra compartilhada que elas descobriram como verdade na experiência de viver até o fim. Vai ter lágrima, uma forma de amor líquido que renovará seu coração. E vai ter muito sorriso, uma espécie de "limpeza de disco" que abrirá sua mente para a experiência da compaixão por uma vida que valeu a pena ser vivida. Espero que a cada visita você cresça em sabedoria e humanidade, sorrindo o mesmo sorriso com que foi recebido ao mergulhar na história dessas pessoas. Cada uma delas me fez muito melhor. Mais do que a afeição que nos uniu, elas me habitam. Ocupam um espaço imenso no meu coração. Integram meus atos e pensamentos.

Este livro que você tem nas mãos pode proporcionar encontros que seu coração jamais antecipou. A revelação de segredos belíssimos da vida de pessoas que chegaram ao seu fim com a grandeza de quem soube viver a própria história. Pessoas como C., que teve a coragem de atravessar de olhos abertos e sorriso limpo tempos que nunca se imaginou capaz de enfrentar. Ou a mãe de M., que compreendeu o sentido da palavra "fé" no momento mais delicado e doloroso de sua vida. Creio que você entenderá o que Dona J. quis dizer sobre o significado de "justiça" e se comoverá com M., que encerra sua vida sob as bênçãos de um perdão que já estava presente muito antes do sentimento de culpa. Graças à linda história de C., você vai compreender a profundidade e a beleza da kalotanásia – "a morte bela" –, algo que só poderia acontecer (como de fato aconteceu) em uma vida que se desdobrou à luz daquilo que acreditamos que vale a pena viver. Espero que essas e as demais narrativas que compartilho toquem seu coração e sua vida, como tocaram a de todos que conheceram os protagonistas delas e viveram o tempo possível e eterno ao seu lado.

Boa leitura! Que a felicidade depois de cada encontro por aqui seja sua companhia, sempre.

P. E O SENTIDO SAGRADO DA ENTREGA

A vida me fez de vez em quando pertencer, como se fosse para me dar a medida do que eu perco não pertencendo. E então eu soube: pertencer é viver.

Clarice Lispector

O Brasil é um país imenso e populoso. Quando penso em "muita gente", não cabe na minha cabeça o que sejam 210 milhões de pessoas. Ainda assim, prossigamos, para que eu chegue aonde quero chegar: desses 210 milhões de almas, 92% declaram ter alguma religião, segundo o censo mais recente, de 2010. A maioria é cristã, mas nesse grupo há uma coluna em que se lê "outras religiões". É nessa coluna que se localiza um credo chamado Testemunhas de Jeová.

Seria de esperar que, sendo os profissionais de saúde parte dessa grande maioria que acredita em Deus, respeitassem pessoas que professam outras crenças, mas nem sempre é o que acontece. Aos olhos da medicina, ser testemunha de Jeová é uma afronta absoluta. Na faculdade, somos treinados a não tolerar essa religião por um único ponto: a recusa de seus praticantes em receber transfusão de sangue. "Treinados" é uma palavra forte, eu sei; mas é real. Se fôssemos apenas "orientados", talvez buscássemos opções para conduzir com mais sensibilidade as crises éticas que nascem da influência das crenças religiosas sobre decisões de fim da vida.

Infelizmente, não somos orientados. Somos treinados.

Submeter-se a uma transfusão não é algo que esteja na agenda da maioria de nós. É bem provável que passemos pela vida sem precisar de uma. Mesmo assim, as testemunhas de Jeová são mal recebidas e maltratadas em muitos serviços de saúde. Na faculdade, aprendemos sobre as situações em que é indicada uma transfusão, porém não nos ensinam a fazer ao paciente uma pergunta muito simples e extremamente esclarecedora: "Por que você não quer fazer o tratamento que eu tenho a oferecer?"

Mas talvez eu possa fazer uma pergunta a você que me lê (responda apenas se acreditar na existência da alma). É a seguinte: se eu lhe oferecesse um tratamento capaz de prolongar seu tempo de vida nesta dimensão concreta e terrena, mas que matasse irremediavelmente sua alma, você aceitaria?

Não? Nem as testemunhas de Jeová. Para os seguidores dessa fé, o sangue representa a vida e não pode se misturar ao de outro ser vivo, segundo interpretação de passagens do Velho e do Novo Testamento. Se receberem uma transfusão, estarão fisicamente vivos, porém sem alma.

Além disso, seguirão por esta vida proibidos de entrar nos templos e de frequentar a comunidade que até então também era a deles, mas que deixou de ser no momento em que sua alma foi assassinada. Você toleraria uma morte social? Não? Nem eles.

Líderes religiosos de todas as vertentes falam incansavelmente em respeito. No entanto, se nos corredores dos hospitais ou nos postos de saúde está um fiel da religião Testemunhas de Jeová, negamos a ele esse princípio elementar de convivência que é o respeito pela vontade do outro. Mais forte ainda: o respeito pelo que é sagrado para o outro. Negamos a ele o crédito por querer preservar a sacralidade da própria alma.

Quando ensino sobre cuidados paliativos, digo que há algumas proibições na nossa prática. Uma delas é julgar ou condenar a crença de um ser humano que esteja sob nossos cuidados. Ensino que a fé indiscutível na aceitação da terminalidade da vida quando se está diante de uma escolha – fazer ou não transfusão – merece admiração, não preconceito. Combato aqueles que chamam de ignorância a crença do outro. Ensino o que aprendi com gente como P., o protagonista desta história linda de morrer: que a vida flui melhor para todos quando respeitamos o que é sagrado para o próximo.

P. era um representante comercial de pouco mais de 40 anos, casado com C., sua primeira namorada, e pai de um menino que tinha 13 anos quando nos conhecemos. Um homem encantador, de sorriso franco e boa conversa. Passava o dia na rua visitando clientes, mas havia uns dois meses que algo não estava bem. Uma forte dor lombar que não passava com anti-inflamatório, bolsa de água quente nem relaxante muscular. Nada lhe arrancava aquele espinho das costas. À esposa, ele explicava, pacientemente:

– Estou trabalhando demais, fico muito tempo no trânsito, deve ser isso.

P. também se sentia cansado.

– Por causa da dor, não consigo dormir bem, deve ser isso.

Até o dia em que C. lhe deu um ultimato:

– Não dá para continuar assim. Você vira na cama, geme, se mexe a noite inteira. Vamos a um pronto-socorro.

Foram. Achando-o pálido, o plantonista decidiu pedir testes de sangue além dos previsíveis exames de coluna. Veio uma hemoglobina de 6g/dL. O normal, para um homem, é 14g/dL. P. estava com uma anemia profunda.

As imagens da coluna apontaram a presença do câncer em todas as vértebras.

Naquela noite, P. não voltou para casa. Quando se descobre um câncer nos ossos, em geral a doença já se espalhou. Metástase. Os médicos internaram-no para tentar descobrir onde tudo havia começado; essa busca pelo que a medicina chama de câncer primário era importante para definir a estratégia de combate ao tumor. Exceto pelo fígado, tomado pela doença, P. estava limpo. A biópsia de uma das vértebras indicava um câncer do trato gastrointestinal, mas os exames nada mostravam.

Os médicos nunca encontraram o câncer primário. E, conversando com o paciente, compreenderam que de nada adiantaria encontrar. P. não poderia se submeter aos tratamentos. Era da religião Testemunhas de Jeová e jamais aceitaria receber uma transfusão de sangue.

Sem transfusões, P. não resistiria à quimioterapia.

Sem quimioterapia, morreria.

E foi assim, para morrer, que em um dia quente de janeiro de 2012 P. chegou ao Hospice, onde eu trabalhava fazia poucos meses. Seu sorriso era tenso. Contou que tinha muita dor, muita mesmo. O rosto pálido estava todo contraído. O câncer estava avançado, já abraçando toda a coluna. Além da dor, ele sentia fadiga. Havia emagrecido e a anemia tinha se agravado. Chegou com a esposa e o filho, ambos arrasados por dentro mas serenos. Diante da morte iminente do pai, o filho deixara de ir à escola para aproveitar sua presença pelo tempo que lhes restava.

P. pareceu amedrontado quando lhe perguntei sobre sua doença. Eu sabia que ele tinha câncer em estágio avançado e ele certamente sabia que eu sabia.

– Numa escala de 0 a 10, na qual 0 é quando você não tem nenhuma dor e 10 representa a dor mais insuportável que você já sentiu, que nota você daria para a sua dor agora? – perguntei.

Isso também pode ser usado para fadiga, apetite, tristeza, prisão de ventre, ansiedade, sono – praticamente qualquer situação que traga sofrimento físico para uma pessoa cuja doença ameaça a continuidade de sua vida.

Dez para a dor. Nove para a fadiga. Fadiga pode ser chamada de cansaço, fraqueza, astenia. Muitos nomes para a mesma sensação: impossibilidade de encontrar energia para fazer qualquer coisa, por mais simples ou fácil que seja.

Como em geral acontecia, fizemos a primeira reunião com a família: irmãos e irmãs de P., cunhados e cunhadas. O pai e a mãe. A esposa e o filho. Foi minha primeira com a presença de um adolescente – em geral, jovens são poupados dessa conversa dura, ainda que necessária. Explicamos a todos o que aconteceria nos dias seguintes, talvez semanas, dependendo de como P. reagisse. Usaríamos medicamentos potentes para tratar a dor. Tudo o que pudesse ser feito para garantir um final sereno seria feito. Eles nos ouviram com atenção, tristes, sem lágrimas. Com exceção da esposa, eram todos testemunhas de Jeová. Demonstravam enorme fé e dignidade diante da proximidade da morte. "Nem eu nem minha família escolhemos passar por isso", disse-me a mãe, que já havia perdido um filho para a leucemia, "mas, se Deus acredita que a gente vai dar conta, não vamos decepcionar Deus."

Até hoje, essa é a melhor definição de fé que conheço.

Apenas 24 horas depois da internação, graças ao tratamento adequado, P. não sentia mais dor. Nenhuma dor. Ele nos olhava intrigado.

– Disseram que eu vim aqui para morrer, mas estou me sentindo muito melhor.

E estava melhor mesmo. A equipe tratou os sintomas com muita eficácia – mas não a doença em si, que continuava lá, avançando de maneira inexorável.

Dias se passaram, e ele não morreu. Semanas se passaram, e ele não morreu. O tempo passava e ele só melhorava. Eu mal podia acreditar. Não imaginava que fosse possível alguém sobreviver por tanto tempo com uma anemia tão severa. Tampouco imaginava que alguém pudesse ser tão sereno, tão paciente com as pessoas que o visitavam. Sim, porque, com a melhora visível, começaram as visitas. P., como logo soubemos, era uma figura importante em sua comunidade. Com seu jeito apaziguador, costurava acordos, aproximava inimigos, zerava inimizades. Os amigos o tinham na conta de mestre. Era inacreditável a quantidade de gente que ia vê-lo todos os dias. Queriam conversar, pedir conselhos, passar a tarde com ele. A maior parte, P. consolava e orientava. Os outros é que pareciam doentes, não ele.

Porém P. começou a se sentir cansado. Chamei-o para uma conversa.

– Olha, nesse momento, talvez seja mais importante você se poupar para estar com as pessoas que mais importam para você. Entendi que é muito querido, muito respeitado na sua comunidade, mas precisamos preservar sua energia.

Quando se tem um paciente com anemia extrema, a disciplina dos cuidados paliativos prevê medidas para minimizar o gasto de energia diário. P. tomava banho sentado, com o sabonete em uma meia fina amarrada à torneira para evitar até os pequenos movimentos de pegar a bucha e esfregar nela o sabonete. Ao sair do banho, em vez de toalha, já vestia direto um roupão atoalhado, que o secava e o protegia do frio. Nesse cenário, parecia um desperdício grave de energia levantar-se, abraçar e ouvir atentamente tantas visitas.

P. concordou. A família também. Visita frequente, apenas o filho, que havia voltado à escola. Afinal, o tempo passava e o paciente melhorava. De algum modo, todos foram retomando a rotina.

Um dia, P. me chamou.

– Doutora, sei que a minha doença é terminal. Sei que não tem cura, que é um câncer em estágio avançado, mas eu não consigo deixar de pensar na possibilidade de um milagre. Nunca me senti tão bem. Não estou cansado, não sinto dor nenhuma, durmo bem, tenho comido muito, me sinto disposto... Eu vim para morrer, mas só melhoro. – Ele respirou fundo antes de pedir: – Tem jeito de fazer um hemograma?

Confessei a ele que até pela minha cabeça estava passando a possibilidade de um milagre. Não esperava que ele respondesse tão bem ao tratamento; afinal, não estávamos tratando a doença, que seguia seu curso.

Autorizei o exame.

O resultado saiu no dia seguinte. Eu soube que havia algo

diferente porque meu celular tocou freneticamente logo cedo, antes mesmo de eu começar minhas visitas no Hospice. Era a técnica do laboratório.

– Dra. Ana, deve ter acontecido algum engano na coleta do sangue, porque o resultado não é possível. Será que não tiraram do braço do soro?

A pergunta procedia. Quando se faz a coleta no braço que recebe o soro, pode haver diluição do sangue, o que altera o resultado dos exames.

Gelei.

– Sei que não colheram do braço do soro porque ele está sem soro. Está medicado apenas com comprimidos.

Longos segundos se passaram.

– A senhora permite que a gente repita o exame?

– Claro. Repita.

Resultado repetido – e confirmado. A hemoglobina de P. havia descido a 3,2g/dL. Era inacreditável. Recapitulando: o normal para homens adultos é 14. Ao receber o diagnóstico do câncer, P. tinha 6; agora, 3,2. Como era possível que uma pessoa com a hemoglobina nesse nível pudesse conversar, se movimentar, receber visitas, sorrir, comer, dormir bem, dar conselhos? Meus livros e meus professores nunca tinham me ensinado que aquilo podia acontecer.

O cálculo que eu fiz me amedrontou. Daquele exame até o último suspiro haveria dias. Poucos dias.

Fui ao quarto lhe dar a notícia. A esposa estava com ele. Os dois me olhavam com enorme expectativa. Meu coração era um tijolo. Tirei o jaleco, sentei.

– P., lembra que, quando você chegou aqui, sua hemoglobina estava em 6?

Ele assentiu.

– Agora, está em 3,2.

A esposa começou a chorar. Ele segurou a mão dela, beijou-a e começou a acalmá-la.

– Está tudo bem – disse ele. – Era o que a gente esperava que acontecesse. Não saiu diferente dos planos. – Ele ergueu os olhos para mim. – Não é, doutora? Está tudo bem, não saiu dos planos. – Quase me consolando, mesmo porque não há como dar uma notícia dessas sem que a tristeza transborde da face. – Está tudo bem, Dra. Ana.

P. e a esposa se abraçaram. A cena era tão linda que pedi para tirar uma foto. Os dois consentiram e olharam para a câmera. Na imagem, ela sorri, mas tem os olhos tristes; ele sorri e seus olhos também sorriem. Tenho até hoje essa fotografia, tirada minutos após a notícia terrível. Ainda a mostro em sala de aula quando explico aos alunos da disciplina de Cuidados Paliativos o que é coerência entre o que diz o sorriso e o que revela o olhar.

Então, de mãos dadas, P. e C. começaram a me contar um pouco de sua história. Estavam juntos desde os 13 anos. Casaram-se apaixonados, viviam juntos e trabalhavam juntos.

– Tem casais que só se encontram no final do dia – disse ele. -- A gente não: passamos 24 horas juntos, e isso só fez nosso amor aumentar.

Tirei o jaleco, puxei uma cadeira e me sentei diante dos dois.

– Tem uma coisa que eu quero saber – falei para ele. – Me conta como se faz para chegar aonde você está desse jeito que você é?

Com uma das mãos ele segurou minha mão; com a outra, apontou para a pequena Bíblia sobre o criado-mudo.

– É muito fácil: tudo o que está escrito aqui é verdade. Foi o que me ensinaram, e do começo ao fim da minha vida pude pôr à prova e testemunhar a veracidade do que está aqui. Além disso, recebi do meu pai um ensinamento que complementou o que aprendi na Bíblia. Meu pai me disse que o livro da vida tem só duas páginas porque a vida, de fato, é simples. A primeira página deve ser lida quando tudo estiver dando errado: um revés no trabalho, uma doença, um problema na família. Lá está escrito: "Tudo vai passar." A segunda página deve ser lida quando tudo estiver dando certo. Está escrito: "Isso também vai passar." Então, de todas as coisas ruins que aconteceram comigo, nada foi tão difícil, porque eu sempre soube que passariam. Ao mesmo tempo, sempre prestei muita atenção nos bons momentos, porque sabia que também passariam. Hoje, olho para trás e não tem nenhum momento da minha vida, bom ou ruim, que eu não tenha vivido com felicidade. Viu? Não é difícil, doutora.

Hoje, penso que falta uma página nesse tal livro da vida. Uma página com respostas às perguntas que nos invadem repetidamente e que na maioria das vezes ficam sem resposta no final da vida.

Por quê?

A resposta seria simples: as marcas que ficariam da nossa vida deveriam ser aquelas que nos ensinaram a viver bem. E o nome dessa página seria: "O que não passa." O que a gente aprende com o que de bom ou ruim vivemos nesta vida não passa. Fica na memória, nos pensamentos, nas atitudes de todos os que viveram tempos intensos conosco. O que aprendi com P. não passa nunca. Continuo aprendendo com ele, e isso não vai passar enquanto eu viver, ou até por mais tempo.

Com aquela taxa de hemoglobina, P. sabia, como todos nós da equipe médica, que logo a boa fase passaria. A falência cardíaca seria inevitável. O coração bombearia em falso e não haveria como oxigenar os tecidos. Oito dias depois daquela conversa, como previsto, P. começou a ficar mais e mais cansado. A medicação ajudava a combater a falta de ar, mas ele mal conseguia sair da cama.

Em seu último dia de vida, ele acordou gritando de dor como nunca antes. Estava tão debilitado que passava pelo que a medicina chama de rebaixamento de consciência. Era como se tivesse ficado sem filtro. Adivinhei que tinha sentido muita dor até então, mas que, de posse de sua consciência plena, controlara-se ao extremo para não demonstrar. Naquele momento, sem a patrulha da consciência, P. expressava todo o seu imenso sofrer. Um sofrimento vindo do espaço mais visceral de seu ser. Talvez o medo, a dor, a raiva por deixar a vida tão cedo. Talvez só a vontade de ouvir a própria voz num grito de presença. E foi ouvido e ensinou por esse último tempo.

A esposa e o filho se angustiaram. Aqueles gritos de dor vindos de um homem tão pacífico assustaram a todos. Acalmei-os. Mas eu ouvi diferente: ouvi um grito de presença na própria vida. Um grito de quem faz o parto normal de sua alma. A dor de renascer, de viver, de morrer, tudo ao mesmo tempo. Tive essa percepção por não ver nele uma face de sofrimento, e sim um semblante tranquilo. O grito era, então, como um chamado: *Ei! Me vejam, fiquem, não me deixem só!*

Passei o dia cuidando da dor de P., que aos poucos cessou de gritar e adormeceu. O filho era o mais preocupado.

– Doutora, ele nunca ficou assim, o que aconteceu?

– Acho que seu pai está deixando mais uma boa lição para você – respondi. – A lição é: quando doer, você tem que gritar que dói. Acho que ele tentou esconder isso todas as vezes, mas agora está avisando sobre a dor. Pelo pouco que conheci do seu pai, pelas conversas que tivemos, sei que ele ensinou muito a você sobre se controlar, sobre buscar recursos dentro de si mesmo para resolver os problemas. Agora, ele está te mostrando o outro lado da moeda: para certas coisas, a gente precisa de ajuda, tem que pedir mesmo. Aí a ajuda vem, e tudo melhora. Veja como ele está mais tranquilo.

Ele sorriu e acariciou a cabeça do pai.

Foi muito rápido.

P. começou a respiração agônica, uma fase muito importante do processo ativo de morte que a medicina oriental chama de dissolução do ar. Segundo esse conhecimento ancestral, ao nascer somos fruto do encontro dos elementos: terra, água, fogo e ar. Quando estamos morrendo, esses mesmos elementos *se dissolvem*. A dissolução da terra evoca a desintegração do corpo. A da água, a redução dos fluidos corporais. A do fogo traz consigo a derradeira centelha de energia. Finalmente, na dissolução do ar o divino sopro vital, empréstimo de Deus para que nossa missão na Terra seja cumprida, faz dentro de nós o caminho de volta. O instante em que devolvemos esse sopro vital é nosso último suspiro.

Estávamos C., seu filho e eu no quarto. Sussurrei:

– Ele vai falecer. Se vocês têm alguma coisa para dizer a ele na despedida, é agora.

A mulher me olhou.

– Como é que você sabe? – Sustentei toda a dor dos olhos dela. – Você sabe – ela admitiu, por fim.

E começou a se despedir do marido.

O filho aproximou o rosto da face do pai e o beijou sem parar. Falava baixinho, como se fosse um segredo:

– Pai, pode ir, tudo o que você precisava me ensinar, já ensinou. Pode ir tranquilo, que eu vou ficar bem e vou cuidar da mamãe. Não tenha medo. Vai ficar tudo bem.

Saí do quarto pensando como era possível que aquele homem de pouco mais de 40 anos tivesse ensinado o filho de 13 a se despedir dele.

A psicóloga do Hospice estava com a família na porta do quarto, como uma guardiã. Alguém dizia:

– O filho dele está lá dentro! Ele tem que sair de lá, não pode estar com o pai nessa hora!

Ao que a psicóloga rebateu:

– Ele está exatamente onde foi preparado para estar.

P. se foi entre amorosos beijos e carinhos do filho. Quem recebe a dádiva de partir com essa mensagem de missão cumprida pode mesmo ir tranquilo. Não perdeu tempo nesta vida com pequenezas, com desperdícios, arrependimentos ou lamentos. P. me ensinou que saber caminhar é mais importante do que saber escolher o caminho. Morreu com a expressão tranquila. No Hospice, as pessoas morrem bonitas.

Naquela noite, quando voltei para casa, tirei meu diploma da parede e o guardei. Tinha sido difícil conquistá-lo, mas, diante da história que eu havia acabado de presenciar, deixara de fazer sentido. O que me ensinaram na faculdade? Que uma pessoa com 6 de hemoglobina não tem energia para se movimentar. P., com 3,2, conversava, comia, amava e ensinava o filho a deixá-lo partir. Quem precisa de hemoglobina normal para ser feliz?

Meu diploma está no chão, virado de cabeça para baixo, até hoje. O que eu conheço de medicina é apenas a base do meu trabalho. Não é o meu horizonte.

A cada dia aprendo medicina de novo.

Chego para passar visita e encontro Dona M. de olhos fechados.

Olho bem: sob a pálpebra, o globo ocular se mexe. Ela finge dormir.

Tenho a mania de, sempre que isso acontece (e acontece muito, não me pergunte por quê), chegar perto e pedir, sorrindo e provocando:

– Abre a janela, abre a janela que eu quero te ver.

(Movimentos intensos sob as pálpebras de Dona M., que escondem uns olhos muito azuis.)

– Abre a janela que eu quero te ver! Me deixa ver essa rodinha de céu que você tem guardada aí... Mostra pra mim, que eu tô com saudade.

Ela não resiste e abre os olhos. Começa a sorrir, a sorrir, a sorrir muito mais do que nos últimos dias. Não para mim, mas para alguém às minhas costas.

Olho para trás. Não vejo ninguém.

– Ué, tem alguém aqui? – pergunto.

– Tem, doutora, a senhora não está vendo?

– Não estou vendo, não. Quem é?

– Doutora, a senhora não está vendo? Tem um anjo, doutora, e ele está estendendo a mão para a senhora.

– E para que lado eu dou a mão, Dona M.? – pergunto, levantando os braços.

– A senhora não está vendo? Abre a janela, doutora.

DONA J. E A JUSTIÇA MAIS JUSTA

*sempre há roupas no varal
à espera da chuva que vem
sem garantias que possamos agir para
tirá-las do relento
e nem por isso
é menos vital
que corramos de volta para casa
quando acharmos que devemos voltar*

André Gravatá

Estudos mostram que os pacientes querem falar. Falar sobre a morte deles, sobre como vai ser. Querem que respeitem o que falam. Mas ninguém quer escutar. Estudos não mentem, mas médicos mentem. Enfermeiros mentem. Famílias inteiras mentem. Mas pulmão não mente: sufoca, aperta; quando obstruído, grita: morte! E ninguém responde. Falar sobre a Morte traz à tona a Vida que importa, a Vida que segue, a Vida boa que se torna possível quando alguém respira sem sofrer. Os médicos deveriam conversar sobre Vida com seus pacientes, não sobre cura. Para que você quer a cura? A resposta para isso envolve a Vida.

É justo esconder a morte?

Uma pesquisa feita no Japão[*] e, em 2017, publicada em uma revista científica conceituada mostrou que falar sobre a morte é uma questão reconhecida como muito importante para pacientes com câncer em estágio terminal e suas famílias. O estudo ouviu 999 famílias enlutadas de pacientes com câncer admitidos em 133 "hospices". O termo *hospice*

---

[*] MORI, M.; YOSHIDA, S.; SHIOZAKI, M.; BABA, M.; AOYAMA, M.; KIZAWA, Y.; TSUNETO, S.; SHIMA, Y. e MIYASHITA, M. "Talking about death with terminally-ill cancer patients: What contributes to the regret of bereaved family members?", disponível em <www.ncbi.nlm.nih.gov/pubmed/28797852>, acesso em 21 nov. 2019.

não tem equivalência exata em português. Entendo que a melhor tradução, para nosso entendimento, seria "casa paliativa": local de internação que não fica dentro de um hospital e se assemelha a uma casa "de verdade". Para esses locais são enviados os pacientes que precisam de cuidados intensivos em todas as dimensões, pois vivem o tempo final de sua vida, acometidos por doenças graves, incuráveis, em fase terminal de evolução. O propósito do estudo era avaliar questões relacionadas ao arrependimento das famílias em falar sobre a morte e todos os fatores que contribuem para que se arrependam (ou não). Um terço das famílias que responderam à pesquisa lamentou não ter falado o suficiente sobre a morte; entre as que falaram, apenas 5,9% se arrependeram de tê-lo feito.

Há uma conclusão límpida, um alerta aos profissionais de saúde: os médicos poderiam minimizar esse arrependimento. Teriam sucesso nessa tarefa se facilitassem um entendimento compartilhado da doença e do prognóstico, se aconselhassem as famílias a dialogar explicitamente sobre a terminalidade, se fornecessem apoio emocional contínuo e validassem o desejo do paciente de falar sobre a morte.

Todos os dias da minha vida, luto para que isso se faça.

Era a terceira pneumonia de Dona J. Aos 84 anos, enfraquecida e sem responder a nenhum antibiótico, ela foi levada ao Hospice para morrer.

Mas o Hospice é um lugar mágico. Pertence à categoria dos mistérios. Talvez seja pelo jardim. Talvez pelo olhar gentil dos cuidadores e dos médicos. Talvez porque os pacientes que lá chegam vêm, quase sempre, da angústia e da opressão de um ambiente hospitalar. No Hospice, não há nenhuma possibilidade de intervenção. Não há laboratório. Não há sequer uma máquina de raios X. Para ser admitido, é necessário esgotar todos os recursos a favor da continuidade da vida. É um lugar para morrer suavemente, sem dor, com a família por perto e, o mais importante, sabendo que se está ali para morrer.

Naquele ambiente mágico, Dona J. começou a melhorar. Passou a interagir com a equipe e com a família. Descobriu que havia uma capela e, carregando seu balãozinho de oxigênio, lá ia todos os dias para comungar. Era uma senhorinha doce, de ossos pequenos e frágeis, que havia trabalhado a vida toda na roça e criado nove filhos. Tinha olhos castanhos e parecia minha avó que tinha olhos azuis. Mas ninguém precisa de céu azul quando tem um mar nos olhos castanhos. Eu gostava de olhar nos olhos dela e me perdia no fundo deles, sem alcançar a praia daquele mar. Havia paz neles. Não me davam medo nem angústia.

Dona J. tinha doença pulmonar obstrutiva crônica. Não era câncer, o que, à primeira vista, parecia bom. Só que não; doença pulmonar também leva ao fim da vida. Quer dizer, a vida leva ao fim da vida, mas algumas doenças podem conduzir a pessoa mais rápido até lá. A de Dona J. era uma delas. Uma condição que causa a mais sufocante das faltas de ar. Com a medicação certa, porém, ela passou a se sentir mais disposta. Dormia bem, comia bem. Sorria e brincava.

Talvez por ter passado a vida inteira cuidando dos outros, Dona J. era uma paciente deliciosa de ser cuidada.

O tipo de pessoa que aceita o que o médico faz por ela, mas aceita de um jeito tão agradecido que parece que o que se faz é o cuidado mais especial do mundo.

Talvez porque, para ela, fosse mesmo.

As enfermeiras diziam que o banho de Dona J. era o melhor banho que tinham dado na vida. "Ela reconhece!", falavam, espantadas. Até a troca de fralda de Dona J. tinha uma alegria inesperada. A gratidão dela transparecia no olhar.

Eu a visitava todos os dias, de segunda a sexta. Chegava ao Hospice, subia dois lances de escada, entrava na minha sala, deixava a bolsa. Vestia meu jaleco como capa de super-herói.

Todo dia, quando ponho meu jaleco, eu me lembro do filme *Os Incríveis*, daquele trecho em que a personagem Edna Moda explica mais ou menos isto ao Sr. Incrível: "Fiz um novo traje para você, muito moderno. Mas sem capa. Capa é perigoso, a turbina do avião suga a dos super-heróis e eles morrem antes de completar a missão de salvar alguém." Eu insisto em usar capa. Deveria pensar em algo mais moderno… E se um dia uma turbina me sugar e eu não salvar mais ninguém? Sorrio dos meus pensamentos; acho bonito o jaleco.

Então pegava o estetoscópio, marca registrada de médica, pendurava no pescoço. Não há risco de me tomarem por outra coisa com o estetoscópio. Às vezes, porém, eu queria ser invisível. Usar a capa do Harry Potter para observar sem ser vista, saber sem falar, sentindo-me protegida ao acreditar que os pacientes não verão o que não quero refletir nos meus olhos mas reflito. Morte, medo, dor, saudade. Sei o que vejo, e os pacientes leem meus olhos:

sei que eles sabem o que eu sei. De minha parte, leio nos olhos deles que têm força e coragem, e os admiro por isso. Pessoas doentes não têm capa, mas são super-heróis que salvam vidas.

Sábado ficava pensando nela, com saudade. De todos eu tenho saudade, mas a dela é dela. Ligava para o Hospice e ouvia notícias boas e técnicas, além daquela que eu mais esperava: Dona J. estava confortável. Durante a semana, quando eu abria a porta do quarto, já entrava perguntando:

– E aí, o que a senhora tem para me dizer hoje?

Ela sempre tinha alguma pérola guardada. A pérola e o sorriso.

– Vamos no jardim? – sugeri.

– Hoje não, o ar tá curto – devolveu ela.

Prescrevi ajuste de morfina.

– Morfina? Mas eu não tenho câncer! – protestou Dona J.

Aprende quem me lê: em casos críticos, falta de ar se trata com morfina. Dose baixinha, que começa a fazer efeito num instante.

Quinze minutos, e Dona J. respirava e sorria. Conversava, fazia silêncios. Adorava os silêncios dela. Olhos nos olhos, castanhos nos castanhos. Mar no mar. As praias não se tocavam nos nossos olhares, mas éramos um único mar de pensamentos e de silêncios. Todos os dias, de segunda a sexta. Sem sábados nem domingos. Mas todos os dias nos pensamentos.

Um dia, achei-a pensativa, até um pouco triste.

– Opa! O que é que a senhora tem hoje? – eu quis saber.

– Ah, tô pensando aqui... Tô com medo – respondeu ela, e desviou o olhar.

Com ela aprendi: se você está com medo da morte, não precisa falar sobre a morte. Converse com seu medo.

Puxei a cadeira e sentei. Segurei as mãos velhas e calosas.

– Me conta. Tenta me explicar do que a senhora tem medo.

– Tenho medo porque não consigo entender o que é que tá acontecendo comigo aqui.

Prendi a respiração. Finalmente Dona J. iria desabar. Falaria sobre a morte que se aproximava. Sobre a crueldade da doença. Me preparei para acolhê-la.

– Eu não tô entendendo por que recebo tanta coisa boa aqui, doutora. Eu não sou tão boa. Não mereço tudo isso. Aqui, eu nem chego a pensar se preciso de alguma coisa e já aparece alguém me trazendo. Parece que adivinham. Eu olho pra porta e alguém me pergunta se pode me ajudar. Isso não é justo, eu não mereço e tô com medo do que isso significa.

– Mas, Dona J., a senhora não acha que Deus é justo?

Minhas respostas às indagações dos meus pacientes, não sei de onde vêm. Simplesmente vêm. De alguma maneira, quase sempre consigo dizer algo que faz algum sentido.

– Ah, Deus é justo, sim – respondeu ela.

– Então, se a senhora está recebendo tudo isso, e se Deus é justo, a senhora deve merecer tudo isso – argumentei.

– Sei não. – Ela, desconfiada. Silêncio. Dona J. olhou pela janela. – Mas tem duas coisas em que Deus acertou mais na justiça.

Eu quis saber quais eram.

– Deus é mais justo na chuva e na morte. Quando chove, chove em todo campo, no campo do rico, no campo do pobre. Chove em terreno grande, chove na horta pequena, na terra seca e na terra fértil. Molha o rio e o mar. Chove em todo lugar. E assim é com a morte, também.

Eu comecei a chorar. Ela segurou minha mão e deu um beijo.

Um dia, a psicóloga do Hospice foi conversar com Dona J. Naquela semana, tinha havido um desfile de filhos. Todos tinham ido visitá-la, os nove, quase em esquema de revezamento. Será que ela precisava de algo? Estava tudo bem?

– É que essa semana estou me despedindo dos filhos – explicou ela, com candura.

Dona J. sabia.

– E como eles reagiram? – perguntou a psicóloga.

Dona J. pôs as mãos no ventre.

– Cada um deles deitou a cabeça aqui, de onde eles vieram, e chorou.

– E como a senhora se sentiu vendo eles chorarem?

– Me senti muito amada. Foi tão gostoso... – disse, suspirando.

Muitas vezes, as famílias fazem esforços sobre-humanos para não chorar diante da pessoa que está morrendo. Acham que, se chorarem, vão causar tristeza e preocupação. Os filhos de Dona J. choraram como crianças que nascem de um ventre vivo. Ventre vivo eterno. Ela me apresentou outro sentimento possível: o amor renovado. Acreditei nela.

Dona J. viveu quatro meses no Hospice. Não ficou lá o tempo todo. Houve uma ocasião em que, de tão melhor, recebeu alta para passar o fim de semana em casa. Os filhos se inquietaram. Pode? Pode. E se der errado? Passar mal? Volta, volta a dar certo. Não tenha medo. Mas, se tiver, vai com medo mesmo e traz ele de volta. Aqui a gente cuida de tudo, até do medo. Vamos caminhando de mãos dadas ao lado dos nossos medos. E se piorar? Vai piorar, eu sei. Um momento chega. E a morte chega. Mas cuidamos.

Foi lindo. Churrasco com a família toda, cercada de filhos e muitos e muitos netos. Alegria. Soube que estava feliz. Dois dias. Três dias. Quatro dias. Ficou duas semanas. Um dia, porém, a filha me ligou.

– Doutora, a mãe passou mal essa noite, levei no pronto-socorro aqui perto. Ela não fala mais. Está morrendo, doutora... Eu queria que ela estivesse aí!

– Vem – convidei.

A ambulância chegou, eu cheguei. Acolhi Dona J. nas últimas 36 horas que passaria sob nossos cuidados. No finalzinho, tinha conforto, mas pouca consciência. Estava emagrecida, a pele um papelzinho de seda. A filha caçula, a mesma que tinha ligado, era a mais presente. Desde que Dona J. fora para o Hospice, essa filha trabalhava o dia inteiro e chegava no comecinho da noite para dormir com a mãe. Queria ter certeza de que ela não estaria sozinha na hora em que acontecesse – o único medo confesso de Dona J. na relação com a morte.

Mas a hora não se escolhe. No meio da tarde, Dona J. entrou em processo ativo de morte. A psicóloga e eu nos revezávamos ao lado dela. Fim de vida. A certa altura, liguei para a filha.

– A que horas você vai chegar?

– Umas cinco e meia – respondeu ela. E acrescentou, a voz meio trêmula: – A senhora acha que é hoje?

– É possível que sim. Não dá para ter certeza, mas é possível.

– Estou indo. – Ela desligou.

Não passei mais nenhuma visita no Hospice naquele dia. Enquanto a filha não chegava, eu me despedi de Dona J. Agradeci por tudo o que tinha me ensinado. Falei que aqueles meses com ela tinham sido muito importantes para mim.

A filha chegou. Fui para casa e sonhei com Dona J. Estávamos na minha casa, conversando, e ela me ensinava a cuidar de uma pequena muda de jasmim na minha varanda. A plantinha estava quase morrendo, mas Dona J. acariciava a terra e me consolava: "Não fica triste, ela tá assim por causa do tempo. Logo vai virar uma arvorezinha linda e perfumada." Foi um sonho gostoso, de paz e presença. No dia seguinte, chegando ao Hospice, corri ao quarto dela para contar. Como eu já tinha adivinhado pelo celular calado, encontrei-a consciente, na cama. A filha não tinha ido embora.

– Dona J., sonhei com a senhora! – falei.

Ela reuniu um fiapo de força e me abraçou.

– Valha-me Deus, não mereço tudo isso, até a médica sonha comigo! – Rimos. – A gente sonha com gente da família, não sonha com gente desconhecida.

Naquela tarde, me despedi novamente de Dona J:

– Amo você, amor de médica por uma paciente. Amor de aprendiz por uma mestra.

Naquele instante, aconteceu algo extraordinário: uma lágrima rolou dos olhos dela. Se digo que essa lágrima é extraordinária é porque sou médica. Sei que, em pleno processo de morte, a pessoa está gravemente desidratada. As mucosas se ressecam. Se tomasse soro, Dona J. sofreria, pois seu corpo debilitado poderia inchar, então ela recebia uma quantidade mínima de hidratação, só para conforto.

Meus livros me disseram que nessa etapa da morte não é mais possível haver lágrima.

De onde, então, tinha vido aquela? De que esconderijo dentro daqueles mares plenos, transbordando de despedida? Uma gota de amor escorrendo pelos caminhos da face marcada pelo tempo. O tempo que tivera e que acabava. Uma lágrima caiu dos meus olhos também. Percorreu as rugas que ainda não tenho, mas terei. Ou penso que terei.

Peguei meu celular e tirei uma foto do rosto de Dona J. com a lágrima escorrida. Ela sabia que eu gostava de fotos. "Pode tirar de mim a foto que a senhora quiser, doutora. O que precisar de mim para suas aulas, pode tirar", ela me dissera, em outra ocasião. E eu brinquei: "Posso tirar todas que eu quiser?" E ela: "Todas, até a última."

Foi a última.

Nas minhas aulas e palestras, uso até hoje a foto final de Dona J. para provar o improvável.

Fazia um inverno seco em São Paulo, quase dois meses sem uma gota de chuva sequer. Fui para casa abalada com a despedida. Marginal Tietê, Marginal Pinheiros, ruas e muitas ruas depois. Muitos pensamentos e lágrimas depois. Tomei banho, jantei. Adormeci com a janela aberta. De madrugada, acordei assustada com as cortinas brancas da varanda esvoaçando e o barulho da chuva que caía forte lá fora. "Deus é mais justo na chuva e na morte." Pensei em Dona J.

Chamei-a em voz alta, despertando de vez.

Meu celular tocou. Deus é mais justo na chuva e na morte.

Problemas para resolver no final da vida, relatados por pacientes do Hospice:

"Posso ir ao jardim?" (Mulher com câncer de útero)

"Preciso fazer a barba." (Homem com câncer de pâncreas)

"Tudo bem se eu pintar o cabelo?" (Mulher com câncer de pulmão)

"Quero mais um pouco desse mingau." (Mulher com demência avançada que não falava havia dias)

"Vou fumar meu cigarrinho de sempre depois do café da manhã." (Homem com câncer de esôfago)

"O café está atrasado. Quando trouxerem, posso pedir para dobrar a quantidade? Estou varada de fome." (Mulher com demência e câncer de esôfago)

A vida que se impõe, e só acaba quando termina.

Embora quase tudo o que faz a gente perder o sono gire em torno de problemas concretos, na beira da morte ainda não ouvi ninguém dizer que a vida valeu a pena porque nunca foi demitido, nunca levou um fora ou nunca perdeu a paciência. Até hoje, não ouvi ninguém se despedir da vida dizendo: "Morro feliz porque sempre tive bom senso." Ainda não ouvi ninguém dizer que está morrendo em paz porque tem casa própria ou porque trocou de carro todo ano. Por enquanto, ninguém me confidenciou que estava pronto para morrer porque sempre teve dinheiro guardado para uma eventualidade. Aqueles que adoram repetir as palavras "nunca" ou "sempre" devem se preparar para uma boa lição lá na última curva.

Se essa gente boa se preocupasse em cuidar bem de perto de tudo que a gente não pode comprar seria muito mais fácil ser feliz, porque na vida o que conta mesmo é o que não se conta.

R. E O AMOR GUARDADO EM UM CÉREBRO ADORMECIDO

É tão bom ter a quem pedir. Nem me importo muito se eu não for totalmente atendida.

Clarice Lispector

R. tinha um câncer do sistema nervoso central. Isso fazia com que ele não conseguisse entender o que lhe diziam nem se comunicar, condição que recebe o nome técnico de afasia de expressão e de compreensão. Suas cordas vocais estão intactas, mas a voz não sai. O problema não está nelas, e sim no processamento da linguagem. Mal comparando, é como uma pessoa que fosse morar no Japão sem conhecer uma única palavra do idioma; essa pessoa teria uma afasia de japonês. R. tinha uma afasia de linguagem geral por conta da região cerebral onde o tumor se espalhara.

Isso é o que dizem os livros de medicina e os professores em salas de aula carrancudas. Eu penso diferente.

Pacientes neurológicos me fascinam. Sinto que eles se comunicam de alguma forma que a ciência não explica, eu é que sou incapaz de entendê-los; que compreendem, eu é que não sei quanto. Meu desafio é decifrar essas pessoas. Afinal, o cérebro é tão notável que desenvolve mecanismos para driblar as próprias falhas. Mesmo nas neuropatias mais sombrias.

Deitado no leito do Hospice, porém, R. era um enigma difícil de decifrar.

Até não muito tempo antes, mesmo idoso – devia estar perto dos 80 anos –, trabalhava no pequeno negócio da família, uma loja de doces. A certa altura, os filhos começaram a perceber nele alguma dificuldade para se comunicar. Tomaram por coisa da idade – até o primeiro desmaio e a primeira convulsão. No hospital, souberam que era um câncer vasto e tentacular. Pela idade e a saúde fragilizada, os médicos que o atenderam descartaram qualquer tratamento. R. foi internado no Hospice para morrer com o maior conforto possível, em cuidados paliativos exclusivos.

Desde que se fechara em seu mundo, ele havia apresentado várias complicações infecciosas. Desconectado de si mesmo, tinha tosse, refluxo e não conseguia se alimentar. Aspirava as próprias secreções, que iam parar nos pulmões, agravando o quadro. Chegou ao Hospice com sonda e amarrado à maca – a imobilização evita que a pessoa arranque a sonda, o que é muito comum, especialmente se há uma condição neurológica.

No Hospice, porém, a regra é remover o incômodo físico. De comum acordo com a família, tiramos a sonda, o que não faria diferença no tempo de vida que R. ainda teria, e desatamos as amarras. Expliquei à minha interlocutora mais frequente, sua esposa, B., que a sonda piorava a qualidade de vida dele.

– Imagina se ele ainda compreende alguma coisa. Ou se quer coçar o nariz e não pode porque está amarrado. Não queremos que ele sofra nada. Nem o menor desconforto.

Ela pareceu aliviada. Era uma senhorinha miúda, olhos claros, encovados pelo longo tempo sem se fecharem para descanso suficiente. A voz mansa e paciente precisava de algum suspiro enquanto contava a longa jornada dos últimos três meses de internação em um grande hospital da capital paulista. Visivelmente emagrecera, pois as roupas pareciam pertencer a alguém maior do que ela. Mãos com dedos pequenos e finos, a aliança dançando no anelar, que sempre mantinha guardado entre os dedos da outra mão. Aqueles últimos meses tinham sido um tempo de sofrimento e incompreensão. No Hospice – assim parecia a ela –, R. enfim era tratado com humanidade.

Acreditar que o paciente neuropata tem percepções sobre o mundo que o rodeia muda completamente a maneira de lidar com ele. Reuni meus residentes para orientá-los, como já fizera outras vezes.

– Temos um paciente com afasia de linguagem total – comecei. – Isso significa que o paciente não fala nem entende o que é dito a ele. Mesmo assim, peço que, quando forem cuidar desse senhor, apresentem-se, expliquem o que vão fazer, informem onde ele está e qual é a proposta de cada toque, de cada tratamento.

Reações diversas. Havia os céticos. Os curiosos. Havia também os que entendiam aquele comando como uma forma de esperança. Ou de compaixão.

Continuei:

– Pode ser que ele compreenda. O cérebro é um mistério maravilhoso. Não me interessa se vocês acreditam ou não nisso. Conheço a teoria e sei que os livros dizem que do outro lado há silêncio e escuridão. Apenas quero que façam o que estou pedindo. Peçam permissão, digam: "Sr. R., preciso abrir o seu pijama para ouvir seu coração." Sejam respeitosos nos comentários. Despeçam-se ao sair. Digam "Até amanhã".

Sou irredutível em relação a isso. Hoje sabemos que, mesmo em coma, alguns pacientes ouvem. Tato e audição são os últimos sentidos a abandonar o corpo humano. É preciso explicar, tocar com delicadeza, ter a fala gentil.

Muitas vezes já aconteceu de um residente entrar pálido na minha sala no Hospice e dizer:

– Doutora, fulano falou comigo.

– E você está com essa cara por quê? Ele falou e você não respondeu? Você não conversou com ele?

– Conversei, doutora, mas ele não pode falar, não é possível clinicamente.

– Olha, você falou com o paciente e ele respondeu. Você não se limitou a aplicar uma escala Glasgow, que mede o nível de consciência. Você teve um contato humano, e ele reagiu. Isso acontece muitas vezes aqui no Hospice.

Meu residente sorriu. Há muito mais entre o céu e a terra, ou entre as aulas e a realidade, ele pensa. Essa é a descoberta mais encantadora que um futuro médico pode fazer.

A residente que assumiu os cuidados com R. chamava-se Thaís. Uma jovem médica competente e compassiva. Seguiu minhas recomendações com mais afinco do que eu própria teria feito. Nas quase seis semanas que R. passou conosco, Thaís conversava com ele como se fossem velhos amigos.

A esposa de R. olhava para Thaís com um misto de pena e paciência.

– Doutora, ele tem câncer na cabeça. Ele não fala, não entende. Não adianta – explicava B., com aquela voz doce e paciente, conformada, da mesma maneira que tinham lhe explicado no hospital, antes de o marido chegar ao Hospice.

– Eu sei, Sra. B., mas é que aqui a gente faz desse jeito. A gente conversa com os pacientes. Porque pode existir algum grau de compreensão.

– Mas faz dois meses que ele não reage, doutora. Não fala um ai. Nem abre o olho.

B. começou a chorar. Thaís a abraçou.

– Vou continuar falando mesmo assim – respondeu.

Então aconteceu.

Em uma manhã como qualquer outra das semanas anteriores, Thaís entrou para examinar R. Perguntou-lhe se tinha dormido bem, falou que o dia estava bonito lá fora e arriscou, enquanto examinava o peito do paciente neuropata que não compreendia, não falava, não ouvia:

– O senhor quer me dizer alguma coisa?

– Champanhe – balbuciou R.

Silêncio no quarto. Quase dava para capturar a empolgação das pessoas. De B. De Thaís. Da enfermeira que acompanhava o exame.

– Seu R., não sei se entendi bem. Pode repetir, por favor? – pediu Thaís.

Ele abriu os olhos.

– Champanhe. – E fez uma pausa, saboreando a surpresa de todos. – Imagino que não tenha porque aqui é um hospital, não é? Tudo bem, então.

Convocamos uma reunião para discutir o caso. Thaís narrou o que havia acontecido e não resisti: postei no Facebook. "Aí o Sr. Incrível diz que quer… champanhe!" Era cifrado, mas a nutricionista do Hospice me mandou uma mensagem logo que leu: *O champanhe do Sr. Incrível já está gelando!*

Mostrei a mensagem para o grupo reunido na sala.

Escrevi a ela, meio de brincadeira, meio a sério: *Não tô crendo que estou neste planeta! Que na minha equipe tem uma nutricionista que arrumou champanhe para um paciente!*

Resposta: *Sem álcool, Dra. Ana.*

A conversa continuou assim:

Eu: *Não vá dar champanhe para o paciente em copo de plástico, pelo amor de Deus.*

Ela: *Vou providenciar as taças para amanhã. Hora do almoço.*

No dia seguinte, hora do almoço, a reunião foi no quarto de R. Servimos a bebida a ele nas taças de vidro compradas pelos residentes e fizemos um brinde.

– Aliás, um brinde a quê, Sr. R.? – todos quiseram saber.

– Hoje é meu aniversário de casamento. Cinquenta anos ao lado dessa mulher – respondeu ele, com clareza e emoção.

R. levantou a taça e brindou com B. Olhando-a intensamente, falou:

– Eu me casaria com você todos os dias da minha vida.
– E, olhando para nós: – Brindem à vida, porque a vida é muito bonita. Celebrem sempre que tiverem oportunidade.

R. chegara ao Hospice com um diagnóstico de confusão mental. Hoje entendo que confuso estava o profissional que fez esse diagnóstico. R. não falava porque não valia a pena. Como médica, aprendi que, para falarem conosco, os pacientes precisam acreditar que merecemos ouvir sua voz. Precisamos ser dignos de suas palavras. Nem sempre somos.

No dia seguinte, quando passei visita, B. estava esperando do lado de fora do quarto para falar comigo. Estava com cara de choro. Sentei-me ao lado dela.

– Sra. B., o que foi?
– Doutora, que lugar é esse? O que está acontecendo aqui? – E, antes que eu pudesse responder: – Eu passei a noite em claro, mas ele dormiu superbem, sem agitação, um sono tranquilo. Doutora, me responda: já estamos no céu, ele e eu?

Depois da celebração dos 50 anos de casados, R. melhorou de tal forma que pudemos levá-lo todos os dias ao jardim, passeios que ele adorava. Passou a sustentar a cabeça e voltou a ingerir comida de verdade. Revelou-se um homem sensível e falante. Gostava de fazer ginástica e tomar café. Morreu suavemente, num dia de vida belíssimo para alguém que morre. O último sopro de vida de R. foi enviado ao céu numa manhã simples, ao lado de B.

A senhora mal abre os olhos e geme ao ser tocada. Tem 87 anos, demência avançada e um câncer de mama que voltou depois de 11 anos para mastigar seus ossos. Três grandes escaras e uma filha exaurida de tanto cuidar. Chegou ao Hospice sem fazer contato. Hoje eu chego ao quarto de manhã e a mocinha tá ligadinha, mandando ver num mingau com uma cara deliciosa, fumegante. Seguro sua mão quente e pergunto como ela passou o fim de semana. E, com os olhos brilhando e com um sorriso banguela de fazer a gente morrer de rir só de olhar, ela me sai com:

– Minha fia mais linda!! Ocê veio me ver? Tô viva, credita nisso? Tô viva!!

C. E A SERENIDADE DOS ATEUS

*... da certeza marota de que ao final de tudo
uma confissão* in extremis *garantirá o paraíso.
Ninguém vê o Cordeiro degolado na mesa.*

Adélia Prado

Ele tinha quase 80 anos e um câncer de pulmão em estágio avançado. Quem me procurou foi o filho. Uma ligação cautelosa, cheia de meias palavras.

– Será que a senhora poderia conversar com o meu pai sobre tratamento paliativo? Ele é uma pessoa complexa.

Aquele adjetivo – "complexa" – ficou ecoando na minha cabeça durante dias, até que finalmente conheci C. e entendi o contexto, assim como o adjetivo.

O oncologista havia sugerido um tratamento agressivo, com químio e radioterapia. Acontece que C. não queria ser tratado e, por isso, seu médico havia sugerido o meu nome. Marcamos um encontro na cafeteria do Hospital Albert Einstein, em São Paulo, onde ele tinha iniciado seu atendimento.

Quando o conheci, estava magro, apenas a sombra do homem vigoroso que devia ter sido. Era alto e tinha cabelos brancos emoldurando um rosto cansado no qual brilhavam olhos muito azuis. Nascera na Alemanha e, apesar da vida inteira vivida no Brasil, ainda guardava um pouco de sotaque. O filho o acompanhava. Me veio uma ideia maluca: aquilo parecia uma entrevista de emprego, não uma consulta médica enviesada. A entrevistada, claro, era eu.

Feitas as apresentações, encerrados os apertos de mãos, C. foi direto ao assunto:

– Recebi um diagnóstico de câncer de pulmão em estágio avançado. Mas, mesmo que estivesse no início, eu me recusaria a fazer qualquer tratamento. Sou ateu e entendo que a vida tem um ciclo. O meu está chegando ao fim. – Ele me observava atentamente, tentando captar o efeito de suas palavras sobre mim. Me mantive serena. – Não sei quanto tempo tenho, mas sei que é pouco.

Então, olhando no fundo da minha alma:

– A senhora é capaz de suportar a ideia de que eu vou morrer? A maioria dos médicos não consegue lidar com a finitude de seus pacientes. Eu não acredito que exista um médico com essa capacidade, mas a senhora foi muito recomendada pelo meu clínico. Ele próprio disse que não conseguiria me acompanhar até a morte. – E, sem perder a firmeza na voz: – A senhora conseguiria me acompanhar? É capaz de suportar a ideia da minha morte?

– Sim, eu sou capaz – respondi, calma.

– E pode me ajudar com isso?

Essa pergunta me trouxe a clara percepção de que ele se referia à eutanásia. Ou, talvez, ao suicídio assistido.

Eutanásia é o ato médico de matar, por meio da injeção de medicamentos letais, um paciente portador de uma doença incurável que ameaça sua vida. Suicídio assistido consiste na prescrição médica de uma combinação de medicações em doses letais que o paciente adquire e toma quando desejar; é preciso que ele esteja lúcido e não deprimido, condições que legitimam sua autonomia sobre o próprio tempo de vida. Meu trabalho não tem nada a ver com um nem com outro. Acompanho as pessoas até a morte natural, usando todos os recursos ao meu alcance para diminuir seu sofrimento.

Em nosso país, a eutanásia e o suicídio assistido configuram crime. Eu não pratico eutanásia nem suicídio assistido. Mas não sou contra nem a favor. Respeito quem os deseja e quem os pratica, pois não posso julgar o peso do fardo que não carrego. Cada um define seu limite de tolerância ao sofrimento consciente. No entanto, penso que ambos constituem uma corrupção do tempo de vida de uma pessoa; ela está abrindo mão de uma das experiências mais intensas da condição humana, talvez por sentir necessidade de controle ou por não conseguir acreditar em uma vida digna no desconhecido tempo de duração de seu processo de morrer.

Além disso, penso que não podemos falar de morte controlada enquanto não conseguirmos falar de morte natural. O campo dos Cuidados Paliativos vem pelo mundo há várias décadas, mas ainda é um conhecimento muito jovem perto do tempo de evolução da humanidade. No Brasil, apenas engatinha. No dia em que algum país puder oferecer cuidados paliativos a 100% das pessoas que deles precisarem (nenhum até hoje), acredito que só então haverá – e apenas em tal país – maturidade para conversar sobre eutanásia e suicídio assistido. Até lá, lidemos com isso.

Então não precipito nada. O tempo é soberano sobre os acontecimentos.

– Meu caro C., eu suporto a ideia de que você vai morrer – respondi. – Você suporta a ideia de viver até morrer? De esperar a morte chegar?

Ele se mexeu na cadeira, desconfortável. O café esfriava na xícara. Quando voltou a falar, não parecia mais tão seguro.

– Tenho horror à ideia de me tornar dependente da minha família – desabafou. – Não só porque eu jamais aceitaria viver nessa condição, mas também porque seria um ônus para os meus familiares. E não quero sofrer. Não quero sentir dor. Sei que essa doença, no final, traz muita dor.

– Eu sou capaz de acompanhar o seu processo, de caminhar ao seu lado. Não sei como será o seu trajeto até a morte porque não conheço seus pulmões, sua história clínica até aqui, mas vou saber o que fazer a cada problema que você enfrentar.

Ele não disse nada. Apenas me olhou com intensidade.

– Eu não condeno quem faz nem quem pede a eutanásia – expliquei. – Mas não faço. Não quero fazer. Se for um critério para contratar a sua futura médica, estou eliminada.

Pedimos mais um café. Eu estava contratada.

A primeira consulta foi no dia seguinte. Como morava em uma cidade litorânea, C. aproveitou que já estava em São Paulo para me levar seus exames. A ideia era que, uma vez eu estando a par do estágio da doença, pudéssemos conversar abertamente sobre o que nos aguardava.

Era, de fato, um câncer em estágio avançado. Havia metástase no outro pulmão, no fígado, nos ossos. Entretanto, C. não sentia dor, apenas fadiga. Fiz todas as recomendações em relação a esse sintoma e combinamos de manter contato. Assim foi: a cada 15 dias ele ia ao meu consultório, uns dias se sentindo melhor, em outros, pior.

Até o dia em que teve um quadro neurológico muito comum em pacientes com metástase no cérebro, como se tivesse sofrido um derrame. Metade de seu corpo ficou paralisada, impondo a ele o que tanto temia: a dependência física. Mas a fala se manteve intacta, e, com um discurso lúcido e coerente, C. mencionou novamente a eutanásia. Eu disse:

– Aceitarei a morte quando ela chegar, mas ela não chegou ainda. Você está vivo e precisa passar por isso. É a sua história. Você, como bom ateu, sabe que as coisas têm começo e fim. Você não vai viver desse jeito para sempre.

Nas semanas seguintes, C. abraçou da melhor maneira possível o desafio de viver dia após dia em sua nova condição, sem querer adiantar a morte. A certa altura, precisou de internação. Como tinha recusado o tratamento do câncer, recebia apenas pequenas doses de medicação para diminuir o inchaço no cérebro. Com isso, mantinha-se calmo e consciente, com o mínimo possível de desconforto.

Em seu quadro de terminalidade, C. reivindicava um item fundamental para a qualidade da vida que lhe restava: fumar. Apreciava demais o cigarro e queria sair para fumar, justamente em um momento em que o hospital onde estava internado implantava uma severa política antifumo. Defendi veementemente que seu desejo fosse atendido. Mais do que isso: passei a lhe fazer companhia nesses momentos que, para ele, eram tão prazerosos.

Um dia, a psiquiatra do hospital me chamou para uma conversa.

– Muito triste que uma pessoa só tenha a vontade de fumar como último pedido – decretou ela.

– Muito triste que médicos não consigam respeitar isso – devolvi.

Tivemos uma discussão ferrenha. Sempre que nos encontrávamos, ela despejava sobre mim uma indignação desarrazoada, sombria. Tornei-me odiada por ela.

Eu visitava C. duas vezes ao dia, pela manhã e no fim da tarde. A visita da tarde era um encontro marcado no solário do hospital, um espaço inaugurado havia pouco tempo e decorado com uma estátua de Albert Einstein. Assistindo ao pôr do sol, tivemos as conversas mais lindas e profundas, eu o observando tragar calmamente o cigarro. C. foi o primeiro paciente ateu que acompanhei em cuidados paliativos, e essa não crença despertava em mim as maiores inquietações. Teria ele arrependimentos? Pensaria no que existe além da morte? Estaria satisfeito com a vida que tivera até então?

Um dia, tomei coragem e perguntei:

– Você se arrepende de alguma coisa na sua vida?

– Não, não me arrependo. – Diante da minha surpresa (pois sempre acreditei que todos carregamos arrependimentos), ele explicou: – Eu cometi muitos enganos na minha vida, porém, toda vez que precisei tomar uma decisão, levei em consideração todo o meu conhecimento sobre o assunto naquele momento. Portanto, eu sabia que estava tomando a decisão certa. Além disso, qualquer caminho que eu escolhesse teria curvas, buracos, abismos. É por isso que não me arrependo das escolhas que fiz. Foram as melhores que eu pude fazer.

– Sempre?

– Houve um momento em que tomei um caminho que talvez não me fizesse feliz, mas nem dessa vez me arrependi. Encontrei grandes felicidades e também problemas nesse caminho. Se tivesse seguido pelo outro, certamente teria encontrado outras felicidades, e outros problemas também.

Na velhice, C. tinha vivido uma linda história de amor. Viúvo, comprou uma casa onde trabalhava havia muitos anos uma senhora, empregada doméstica. M. era uma mulher negra, belíssima, beirando os 60 anos. Viram-se pela primeira vez quando ela descia a escadaria principal da residência, carregando balde e vassouras. "E ele me olhou como se estivesse vendo uma princesa, fascinado", me contou M. Casaram-se. Quando eu os encontrei juntos pela primeira vez, não tive nenhuma dúvida do tamanho do amor que sentiam um pelo outro. No final da vida de C., ela cuidava dele com tanto amor; olhá-los juntos trazia tanta alegria ao coração que a gente sorria.

Um dia, logo após a visita, ela me acompanhou até fora do quarto e perguntou se podíamos conversar um minuto.

– Doutora, estou sentindo uma coisa tão estranha... De algum jeito, estou feliz porque o C. está morrendo. Quer dizer, não me interprete mal, não é que eu esteja aliviada nem nada assim. É que a morte é bonita. A pessoa vive sua vida, cumpre sua missão e termina de viver. Acho tão lindo! Olho para ele, está pronto para o que vier, fez tudo maravilhosamente bem na vida e agora chegou a hora de morrer.

– Fez uma pausa e emendou: – Doutora, é normal a gente se sentir assim?

– Não é normal, mas é a coisa mais linda que eu já ouvi sobre a morte.

Linda e verdadeira: dava para ver nos olhos dela.

Dia após dia, fui me maravilhando cada vez mais com a coragem com que C. enfrentou a dependência física. Um dia, porém, encontrei-o aborrecido porque, novamente, alguém lhe daria banho.

– C., quem merece dar esse banho em você? – falei. – A quem você honrará com essa permissão?

Ele se emocionou.

– Ai, Ana, você fala de um jeito que até parece bonito. É horroroso ter que dar banho em um homem do meu tamanho, da minha idade.

– Você não tem escolha – argumentei. – Vai ter que passar por isso, pela luz ou pelas trevas.

E ele, depois de uma hesitação:

– Acho que dá para passar pela luz.

Outro dia, perguntei se não havia nada que ele ainda quisesse fazer.

– Não. Estou plenamente satisfeito com o que vivi até hoje. Vivi muito bem e agora vou morrer. Ana Claudia – havia tempos que ele tinha abandonado o "senhora" dos primeiros encontros –, tudo morre, da folha que cai da árvore ao sol que se põe. O sol, você sabe, é uma estrela velha, e, cada vez que desaparece, ele nos lembra que também estamos morrendo. O fim de cada dia nos fala da nossa morte.

A cada encontro, eu me despedia dele.

C. morreu em um dia de março, às 18 horas e 4 minutos. Eu estava em um casamento quando recebi a ligação com a notícia. Faleceu no hospital, em um ambiente tranquilo e amoroso, com a família por perto.

Naquele dia, o sol se pôs exatamente às 18 horas e 4 minutos.

Não acredito em coincidências.

Ela tem cinco filhos. Netos que ama mais do que a si mesma. Bondosa, cuidou de todos – mais do que de si mesma. Nasceu no interior do interior, nas profundezas, na alma da Bahia. Secretamente, chora de medo de morrer, mas sempre recebe a todos com extrema educação, preocupa-se em estar limpa e arrumada. Cabelo quase prateado, guardado em tranças delicadamente tecidas pela filha. Elogio o trabalho, a filha sorri e me explica: na crença da comunidade de onde vêm, o cabelo trançado impede que a morte venha. Câncer de pâncreas, doença ruim, muito ruim. Restam-lhe cuidados de conforto, agora, sempre e apenas, mas ela não quer falar sobre sua doença, esquiva-se do assunto. O medo a consome e sussurra uma pergunta para a qual não quer resposta: "Tenho o corpo fechado... E agora?"

Muitas semanas se passam, e o tempo todo ela pede: "Por caridade, meu Deus, me dê coragem." Certa manhã, quando chego, ela sorri, agradece e me dá um beijo. Os olhos, duas pérolas baças cansadas do mundo. Com as mãos em prece, os dedos magros se entrelaçam nos meus. A voz brilha como nunca quando ela pede:
– *Destrança meu cabelo.*

F. E A ESSÊNCIA DA GENTILEZA

Reza por mim, minha mãe, pois não transcender é um sacrifício...

Clarice Lispector

F. morava na rua – ou melhor, na varanda de uma casa abandonada na Vila Madalena, bairro boêmio de São Paulo. O dono da casa tinha autorizado, e assim F. se transformara em uma espécie de guardião do lugar. Era conhecido por todos os comerciantes dos arredores e muito querido. Uma manhã, F. não despertou. Os vizinhos notaram. Encontraram-no desmaiado, muito fraco e confuso, e um dos comerciantes o levou pela primeira vez a um pronto-socorro.

Foram pelo menos cinco passagens pelo PS até que F. fosse enfim admitido como paciente do Hospital das Clínicas e recebesse um diagnóstico preciso. Suas queixas – dor no estômago e no tórax, febre e tosse – decorriam de um câncer de esôfago. O tumor havia perfurado o órgão, de modo que o conteúdo do esôfago vazava para o pulmão, causando pneumonia. Os médicos tentaram fechar esse orifício, chamado de fístula, com uma prótese, que parece um anel largo cujo objetivo é isolar o espaço de passagem dos alimentos. Não deu certo: o tumor era tenro, não segurava a prótese. A pneumonia se agravava.

Fizeram várias tentativas de curar a infecção, porém F. não reagia. Fraco e emagrecido, sem ter quem cuidasse dele além da equipe do hospital, com uma doença grave em estágio avançado e levando uma vida difícil na rua, foi encaminhado para o Hospice para cuidados paliativos exclusivos. Não existia nada que a medicina pudesse fazer para desacelerar o processo e curá-lo de sua doença de base, o câncer. Tinha 49 anos.

A ficha que nos foi entregue junto com o novo paciente descrevia seu histórico de alcoolismo e tabagismo. Havia relatos de confusão mental, desmaios e dor, muita dor. No Hospice, cuidado por nós, F. encontrou conforto. Tratamos a infecção, eliminamos a dor de que ele tanto se queixava, entramos com medicamentos para afastar as alucinações e a agitação. Após oito dias de internação, ele respondeu bem ao tratamento. Sem dor, sem catarro afogando-lhe os pulmões, com os pensamentos organizados e serenos, mostrou-se um homem gentil e agradável. Em estado quase normal, dormia bem e se alimentava com apetite. Afeiçoou-se à equipe, que se afeiçoou a ele.

Estava bem fazia poucos dias quando tivemos um churrasco no Hospice para comemorar o aniversário de alguns moradores da ala dos idosos – separada da ala de cuidados paliativos. No cardápio, além de carne, havia farofa, maionese e, claro, bolo. Decidimos levar alguns pacientes de paliativos para a festa, entre eles, F.

Eu tinha minhas dúvidas. Ele vinha se alimentando bem, mas sempre com comida pastosa e mingaus. Não engasgava, apreciava os sabores e estava animado. "Vou engordar aqui, doutora", dizia. "A comida é maravilhosa." Mas… churrasco? Farofa? Até os residentes mais destemidos estavam apreensivos. F. tinha uma obstrução, e a ingestão de alimentos sólidos não parecia, de fato, uma boa ideia; afinal, poderiam obstruir a passagem do esôfago e trazer grande sofrimento.

Mas fomos em frente.

A cena, hilária, parecia fora da realidade. Acomodado a uma mesinha de plástico, F. parecia radiante. O padre do Hospice, seu melhor amigo, sentou-se ao seu lado. Eu me juntei a eles, disposta a vigiar a alimentação do meu paciente. Uma pessoa passou oferecendo maionese. F. implorou com o olhar. Pensei: "Maionese, tudo bem." E servi uma colherada.

– Pode pôr mais, doutora? Tá uma delícia.

Servi mais um pouco.

Passou o cara da carne.

– Pega pra mim, doutora?

Fiz cara feia. Ele entendeu.

– Doutora, fica tranquila que eu vou mastigar direitinho, não vai entalar.

– Tá bom.

Dois espetos, F. comeu. Não sobrou nada no prato. Pediu Coca-Cola para arrematar a refeição. Servimos. Os residentes me questionavam.

– Doutora, e aquele resultado da endoscopia? – indagou um deles, referindo-se a um exame que F. trouxera na chegada ao Hospice.

Eu sabia o que o residente estava pensando. Mas balancei a cabeça.

– A gente vê isso mais tarde. Vamos esquecer o assunto por enquanto.

Meu paciente com câncer de esôfago e obstrução tinha acabado de comer churrasco e tomar Coca-Cola. E estava feliz da vida, sem mal-estar algum.

As coisas que a medicina não explica.

Mas F. sabia que ia morrer e, a certa altura, revelou seu maior desejo: rever a mãe e lhe pedir a bênção.

– Onde mora sua mãe, F.? – perguntamos.

– Na Paraíba – foi a resposta.

O único documento que F. tinha consigo era uma velha certidão de nascimento. Lá, encontramos o nome da cidade onde nascera. E também seu sobrenome: Silva. Da Silva. Paraíba. Um milhão de homônimos.

Apesar do desejo de reencontrar a mãe, F. não gostava de falar de sua origem nem de seu passado. Difícil arrancar dele qualquer informação que nos ajudasse a ajudá-lo. Com o tempo – foram cerca de cinco meses de internação, muito acima de qualquer expectativa estatística –, o padre, seu confidente, teve algum sucesso. Chegava à reunião multidisciplinar que fazíamos toda semana e dizia:

– Tô quase lá! F. tá quase se lembrando de um número de telefone. Só faltam três números!

F. tinha plena consciência da nossa ansiedade. De vez em quando, nos convocava:

– Acho que tô quase lembrando o número do meu sobrinho. É 9932... – Fazia uma pausa dramática. – Esqueci. Talvez com um cigarro eu consiga lembrar.

Decidi prescrever um cigarro a cada 8 horas.

– Pode ir lá na enfermagem e pedir. Está prescrito. Se usar os três seguidos, acabou. Só no dia seguinte.

Todos os dias (a princípio, de cadeira de rodas; depois, já fortalecido, caminhando), F. passava pela enfermaria para buscar sua cota diária. Fumava na varanda, sem ser incomodado.

Um dia, depois de incontáveis negociações envolvendo a prescrição de cigarros, descobrimos o número de telefone do tal sobrinho. Uma conversa com ele nos ajudou a entender a relutância de F. em se aproximar da família: nosso paciente tinha sido expulso da cidade pelos parentes. Na época, já era alcoólatra e se envolvera em episódios de violência doméstica, envergonhando os familiares. A mãe, segundo o relato do sobrinho, adoecera muitas vezes por causa do filho desajustado, que fora execrado pelos irmãos.

– Meu pai não quer nem ouvir falar do tio F. – afirmou o sobrinho. – Duvido que vocês consigam chegar perto da minha avó.

Um dia, durante uma aula de Cuidados Paliativos em uma instituição privada, acabei contando a história de F. Quando terminei, uma das alunas levantou a mão:

– Doutora, eu conheço o pastor da cidade dele. Vamos entrar em contato, a gente vai descobrir onde mora a família.

E descobrimos mesmo. A mãe de F. estava viva; muito idosa, cega e surda, mas viva e lúcida, morando com um dos filhos. Comovido com a história, o pastor viajou duas horas sertão da Paraíba adentro para chegar à casa da família, em um sítio, levando um áudio que eu tinha gravado. Nesse áudio, eu contava quem era o F. hoje: uma espécie de "doula da morte" dentro do Hospice, sempre empenhado em fazer companhia a pacientes solitários, educado e atencioso, quase parte da nossa equipe.

E era a mais pura verdade. Quando estava bem, eu o convidava a passear comigo nos jardins do Hospice, e lá íamos os dois, de braços dados, ele com atitude de rei, e eu, sua rainha. Cumprimentava os moradores e os funcionários com intimidade cortês. Sempre sabia algo da vida de cada um. "Sua filha melhorou?", perguntava para um. "Conseguiu falar com seu irmão?", indagava a outro.

– F., você é tão querido aqui! – comentei certo dia.

– Eu sei, faço por merecer – respondeu ele, sem falsa modéstia. – Meu pai me ensinou que a gente deve ser gentil com as pessoas e oferecer a nossa bondade. Assim a vida de todo mundo fica mais fácil. Eu aprendi.

Outro dia, perguntei:

– F., você acredita em Deus?

Ele pensou um pouquinho.

– Não, não acredito em Deus.

Me espantei.

– Como não acredita? Você às vezes pede para ir à missa!

– Então, doutora. Acreditar, a gente acredita em bruxa, em saci, em demônio. Em Deus a gente tem fé.

E fez um minuto de silêncio, com cara de oráculo, saboreando o vácuo depois da resposta impactante.

Silêncio na Paraíba.

Mesmo com todos os cuidados, a doença de F. continuava em progressão. Tínhamos curado o sofrimento físico, mas o câncer seguia sua devastação. F. emagrecia e teve três infecções graves pouco antes de completar 50 anos. Ele piorava, nós o tratávamos, ele voltava a ficar bem.

Começamos a planejar uma festa para comemorar a data redonda. Ele pediu que o tema fosse o Corinthians. Convidamos o Hospice inteiro, avisando que palmeirenses e são-paulinos teriam que usar os chapeuzinhos preto e branco que tínhamos comprado para a ocasião. F. estava animado.

No dia de seus 50 anos, ele piorou. Passando visita pela manhã, achei que F. não conseguiria participar da festa. Voltei mais tarde e encontrei-o sentado na cama, tomando um suco e comendo. Fiquei tão feliz que perguntei:

– F., o que você quer ganhar de presente?

– Não tô precisando de nada não, doutora.

– Pode pedir o que quiser. É seu aniversário de 50 anos. Pede.

Ele me olhou com uma cara tão sapeca, tão atrevida, que pensei: "Ele vai me pedir um carro zero. Um striptease. E eu vou ter que fazer."

Com aquela expressão pregada no rosto, ele segurou minha mão e a beijou. Olhando nas minhas pupilas, entrando pelo nervo óptico e chegando à minha alma, respondeu:

– Eu quero a sua amizade.

Engasguei.

– A minha amizade você tem.

– Então eu tenho tudo o que eu preciso, doutora. Não me falta mais nada. – E, depois de uma pausa breve: – A senhora vem na minha festa?

– Claro! Já desmarquei os meus pacientes do consultório e vou vir cedo para passar visita antes. Daí fico a tarde inteira por sua conta.

Chegou a hora da festa. Salgadinho, a indefectível Coca-Cola, decoração do Corinthians, chapeuzinho alvinegro, tudo a que F., tão querido pela comunidade, tinha direito. O bolo era de chocolate com cobertura de chantili, decorado com o emblema do Timão. Na hora de cantar o "Parabéns", certo constrangimento no verso "Muitos anos de vida". Pensei: "Temos que fazer uma versão do 'Parabéns' para paliativos, com um trecho que fale de ter muita vida em todos os tempos da vida." Mas F. não demonstrou nenhum embaraço com o verso inadequado. Cortou o bolo e, depois de algum suspense sobre quem receberia o primeiro pedaço, estendeu o pratinho na minha direção.

Aula prática sobre cuidar de quem cuida.

O segundo pedaço foi para Suellen, a residente que cuidava dele no dia a dia. Equilibrando-se sobre suas pernas finas como palitos, F. cortou o bolo inteiro e serviu a todos. Terminada a distribuição, sentou-se e comeu uma fatia. Então cochichou para mim:

– Doutora, pode me acompanhar lá no meu quarto?

Fomos. Lá, ele abriu a porta de seu armário e disse:

– Olha, pode pegar tudo isso aqui e dar para quem precisa.

– F., são objetos e roupas que você ganhou desde que chegou – argumentei.

– Já separei o que eu preciso.

E apontou para uma pequena pilha com o pijama favorito, do hospital ("Desse eu gosto"), além de uma bermuda, uma calça, um par de meias.

— Ah, também vou ficar com o Crocs, gostei desse sapato. O resto, pode levar. Aqui sempre tem alguém precisando.

F. distribuiu seus bens em vida.

Nesse meio-tempo, soubemos como tinha corrido a visita do pastor à casa da família de F. E as notícias não eram as melhores.

Os irmãos não tinham deixado o pastor passar da soleira da porta. Ele mostrou meu áudio. Umas 10 pessoas presenciaram a cena, algumas até se emocionaram, segundo o relato do pastor. Então um dos irmãos, talvez o mais velho, claramente uma figura de autoridade na família, decretou:

— Pra minha mãe ele já morreu. Não vamos deixar minha mãe saber disso, não.

Dois ou três baixaram a cabeça. Houve choro. O pastor implorou, pregou, usou sua melhor retórica.

— O que esse homem fez a nossa mãe sofrer não tem perdão. Nós todos sofremos muito por causa dele. Minha mãe não vai sofrer de novo.

O pastor me mandou uma mensagem pelo celular:

"Doutora, não tem Deus no coração dessas pessoas. A gente só pediu uma coisa. A gente chegou tão perto…"

Passado o aniversário, F. começou a piorar. Entrou na fase da dissolução do fogo. Aquela fora a última visita da saúde, a melhora antes da morte, a bela força da última chama da vela. Então veio uma piora progressiva, mas ele não morria. Agitado, confuso apesar da medicação, só sabia pedir:

– Mãe, mãe, mãe, a bença, mãe.

Nessa época, me afastei do Hospice para férias rápidas, mas monitorava a situação pelo telefone. Um dos residentes me trouxe uma questão delicada:

– Doutora, ele não está nada bem. Eu queria discutir com a senhora se não é o caso de sedar.

Não me oponho à sedação do paciente quando há uma indicação clara, e ali não havia dúvidas. Concordei. Mesmo assim, às vezes F. deixava transparecer sofrimento no rosto. Uma noite, o mesmo residente me ligou:

– Não consigo mais pegar o pulso, doutora, ele está com 5 de frequência respiratória, mas parece que não consegue morrer. Falta alguma coisa que traga essa permissão final.

Em algum lugar dentro de mim, eu soube por que F. não morria: ainda esperava a bênção da mãe. Então tomei uma decisão.

Eu sou mãe; sei o que é ser mãe. Sou todas as mães do mundo. Irmãos não perdoam; filhos não perdoam; maridos não perdoam esposas, esposas não perdoam maridos – embora todos possam escolher perdoar. As mães, porém, estão condenadas ao perdão eterno. Uma mãe sempre perdoará seu filho. Se a mãe de F. soubesse a pessoa que ele se tornara, estou certa de que o perdoaria. O F. que conheci construiu uma família naquele espaço. Cuidou das pessoas. Não deu trabalho e ajudou os outros. Qualquer mãe perdoaria um filho assim.

Escrevi uma mensagem a F. como se fosse a mãe dele. Me coloquei na pele e no coração de uma mulher simples, analfabeta, que já não vê nem ouve, cujo filho lhe trouxe muito sofrimento. Terminei a mensagem com esta frase: "Deus te abençoe, meu filho." Eu não tinha dúvida de que precisava fazer isso por ele. Ele pediu minha amizade. Se houver vida depois da morte, me entenderei com F. pelo que fiz. Mas eu não acreditava que fosse errado, pois, se tivesse havido a oportunidade, sei que ela o teria perdoado e abençoado. Mãe ama para muito além de qualquer motivo para não amar.

Chamei o residente, contei a história e pedi que lesse a mensagem para F.

Assim que o jovem médico terminou a leitura, F. morreu.

Conseguimos para ele um enterro social, em caixão bem simples, com a presença de todo o pessoal do Hospice. Havia tanta gente que os funcionários da funerária quiseram saber quem era aquele morador de rua. O fato é que todas aquelas pessoas tinham sido transformadas pelo cuidado que F. tinha com elas, por sua gentileza e, por que não?, por sua autoestima, a mesma que fazia com que ele dissesse: "Eu sei que sou querido. Faço por merecer."

Talvez, se tivesse conhecido F. nos tempos violentos da Paraíba, não conseguiria amá-lo como amei.

Mas eu o conheci depois. Quando já havia descoberto que a essência do ser humano é a amorosidade.

Uma senhora de 80 anos, nove filhos, todos criados por ela, que ainda ajudou a pagar os estudos para os netos lavando roupa para fora, batendo na pedra. Ela me conta da sua vida, atenta à própria voz, olhando os dedos fortes da mão calejada que me fascina.

– Quando fui ganhar o derradeiro, eu tava sozinha em casa. Nem o pai tava lá. Aí tive as dor e o menino nasceu. Cortei o imbigo com a faca e queimei com o cabo do garfo que fervi na brasa do fogão a lenha. Dispois vortei pra cozinhar com o menino no colo: tinha oito crianças e mais um homem com fome no fim do dia.

Eu pergunto:

– Como a senhora sabia que tinha que fazer assim?

– Ah, doutora, a gente tem de ponhar atenção no que diz os mais véio. Minha mãe me orientou quando eu era moça. A gente ouvia as conversa das pessoas mais véia e guardava a sabedoria. É assim que é, doutora.

Ela tinha chegado ao Hospital das Clínicas de São Paulo no colo de uma neta, trazida do interior de Minas para buscar a cura na cidade grande. Mas o câncer de esôfago já estava poderoso demais. "Descobri na maior tristeza que não tem jeito pra essa doença ruim", disse, conformada.

No Hospice, melhorou de um jeito encantador e me diz que agora está devendo favor a Deus, porque se sente curada nessa chácara (ela não fala que é hospital, fala que é chácara).

– Doutora, aqui eu voltei a ter fome. Tô viva, num sabe?

O que você faz com uma pessoa dessas, além de amar muito?

E. E A DOR DE TODAS AS MÃES DO MUNDO

ela é um lugar
que será sempre dela.

Zack Magiezi

E. tinha 24 anos e um diagnóstico de fim.

Uma dor de cabeça como nunca antes, a ponto de correr para o hospital. Um remédio forte: vai passar já, já, disse o médico. Ela voltou para casa, mas a dor não passou. Convulsões. De novo o hospital, mas dessa vez a moça estava inconsciente. Na pequena cidade do interior da Bahia não havia muitos recursos de diagnóstico. Um doutor mandou levar a moça para Salvador. Era urgente. A mãe, Dona N., embarcou junto na ambulância apertada cheirando a desinfetante, segurou a mão da filha desacordada. Na capital tem tomógrafo, disseram à mãe desesperada. Vão descobrir o que há.

Descobriram, de fato. Um baita câncer na cabeça, imenso, cheio de complicações. Ela foi examinada no centro oncológico. Passou uns dias na UTI. O câncer era intratável. Inoperável.

A massa que tomara seu cérebro era soberana. Mas quem sabe em São Paulo tem algo que possam fazer?, sugeriu à mãe um médico de Salvador. Ele sabia que não havia, mas não teve coragem de dizer a verdade à senhora pequena, roliça, de cabelos desgrenhados e olhos cheios de dor, que só faziam chorar. Botaram E. em uma ambulância e ela viajou 2 mil quilômetros até a capital paulista. Muito católica, Dona N. rezava.

Um mês de internação no Hospital das Clínicas. Toda a esperança se foi.

E. ia morrer.

Encaminharam-na para o Hospice, para que a morte chegasse o mais suavemente possível.

Alguns cânceres produzem sinais externos. A pessoa emagrece, a barriga aumenta, a pele amarelece, a silhueta se deforma. A degradação é visível, o que, de alguma maneira tortuosa, torna mais fácil aceitar a doença. O câncer na cabeça não mostra seu rosto. Deitada na cama, E. exibia o viço da mulher jovem que era. A face lisa, o cabelo sedoso, o corpo forte. Estava morrendo, mas não parecia que aquele seria seu último sono.

Dona N. era desespero bruto. Quando passava visita, eu apenas tocava as costas dessa mãe, sem saber o que dizer. Ela tremia inteira. Sentava na cama, puxava para si a filha desacordada, pressionava-a contra o próprio ventre, como se pudesse lhe dar a vida de novo. Rezava, chorava, rezava de novo.

– O que é que eu faço, doutora? O que é que eu faço?

A religião, pensei. Precisa religar. Precisa.

– O que eu faço diante da morte da minha filha? – a mulher me perguntou.

Como se eu fosse um oráculo, pleno de possibilidades de trazer alguma condição humana possível para aquele momento.

Uma ideia clareou as sombras da minha mente e do meu coração, que, juntos e confusos, buscaram uma resposta que não parecia existir.

– Entrega ela para Nossa Senhora, Dona N. Nossa Senhora

sabe o que é perder um filho. Ela vai saber o que fazer com a sua filha. Entrega.

Fiz um carinho no ombro dela e saí do quarto.

Passados não mais do que 15 minutos, Dona N. veio me procurar no corredor do Hospice.

– Eu fiz como a senhora mandou, doutora. Entreguei.

– E como você está? – eu quis saber.

– Eu tô bem, sinto paz.

E. morreu menos de uma hora depois, assim que o marido chegou e se despediu dela.

Na correria da vinda para São Paulo, Dona N. mal havia trazido a roupa do corpo. E. tinha apenas a camisola do hospital.

Uma enfermeira veio falar comigo:

– Dra. Ana, pergunta pra Dona N. que roupa vamos pôr na E.

Ninguém me ensinou a dar notícias difíceis. Mas perguntas difíceis podem ser muito pequenas diante desta.

Agora uma esfinge, eu fiz a pergunta: Qual a roupa?

Não, aquela mãe não sabia que precisava ter trazido uma roupa para essa ocasião. Mães sempre levam uma muda de roupa para os filhos – exceto quando eles saem de casa para morrer.

Seguiu-se um profundo silêncio.

Dona N. nos observava como se estivesse prestes a ser devorada. Inocência e terror se misturaram nas lágrimas que atravessavam léguas pela face queimada de sol. Como as que percorriam todos os medos desenhados na minha pele. A Esfinge queria que a mãe respondesse com que roupa vestiria sua filha morta por um câncer aos 24 anos.

– Não tem roupa dela aqui, Dra. Ana... A gente vai ter que comprar...

Num instante, era como se eu ouvisse Esculápio confirmando meus votos: "Queres ser médica, minha filha? Tens pensado bem no que há de ser a tua vida?"

– Não podemos colocar ela no caixão assim, doutora. Era tão linda, sempre tão vaidosa...

Saímos para comprar um vestido para E. De costas para o portão do Hospice, contemplamos a avenida movimentada do bairro da Zona Norte de São Paulo.

Então eu vi a loja.

Era a primeira vez que as portas estavam abertas. Nós, do Hospice, achávamos que nada funcionava ali. Mas não apenas funcionava naquele dia, como havia um vestido na vitrine. Atravessamos as pistas da avenida para ver de perto. Foi uma vertigem. Os carros passavam velozes por nós, duas mães cúmplices em uma dor única que eu presenciara por apenas dois dias. No entanto, eu sentia minha vida presa à dela e à de sua filha agora e para sempre.

Dona N. calçava chinelos que estalavam no asfalto. Ela apertava a minha mão, apavorada com o trânsito da cidade grande. Não tinha nada disso no interior da Bahia.

Paramos diante da vitrine. Era um vestido azul de princesa, de crepe com viscose, saia balonê e bordados delicados. Coisa de sonho. Dona N. e eu olhamos deslumbradas.

Entramos. E parecia que tínhamos entrado em Nárnia, aquele lugar misterioso dentro de um armário, descrito num livro de extensa sabedoria de C. S. Lewis. A loja era atulhada de objetos empoeirados. Bibelôs, bijuterias, cristais, estátuas lindíssimas e caixas de incenso compunham um cenário confuso, onírico. E havia o vestido. Nos fundos da loja, uma mulher de cabelos brancos armados, a própria bruxa dos contos de fada, sorriu um sorriso de bruxa e ofereceu seus préstimos. Indicamos o vestido da vitrine.

– Como a E. gostava de se vestir? – perguntei.

– Ela amaria a senhora. – Um sorriso triste passou pelo rosto de Dona N. e logo sumiu. – Ela se vestia assim como a senhora. Adoraria suas roupas.

– Então posso escolher um vestido para ela?

– Pode, doutora, eu pago. – E tirou um bolinho de dinheiro da bolsa amarfanhada.

Então eu lembrei que E. tinha uma traqueostomia, o decote do vestido deixaria a incisão à mostra. E. era bonita. E. era vaidosa. Decidi procurar em Nárnia uma camiseta para vestir por baixo.

Não precisou. No caos da loja, encontrei um lenço lindo, azul também, de um tecido fino, quase um tule. E mais um, parecido, igualmente bonito.

– Vou levar. – Indiquei à bruxa disfarçada de dona de loja. – O vestido da vitrine e os dois lenços. – Olhei para Dona N. – Arrumamos a E. e vemos qual lenço combina mais.

– Nossa, é para uma princesa? – perguntou a bruxa.

– Isso, uma princesa – respondi.

Voltamos para o Hospice e, juntas, em silêncio, vestimos E. Eu comprara havia pouco um novo estojo de maquiagem, que estreei com ela. Fiz a maquiagem mais bonita que sabia.

– Mas a minha filha está linda demais! – disse Dona N., chorosa.

Haviam chegado parentes de São Paulo, avisados da morte, e tiraram fotos, de tão bonita que ela estava. Princesa.

O pai contratou um carro fúnebre para levar E. de volta para a Bahia. A princesa foi enterrada em sua cidade.

Naquela noite, chegando em casa, chorei muito. No meu diário/caderno de poemas, escrevi: *Hoje fui comprar a roupa da filha de todas as mulheres do mundo.*

Ainda trabalhei durante alguns anos no Hospice. A loja de Nárnia nunca mais abriu. Era como se tivesse funcionado apenas naquela tarde, apenas para nos oferecer a roupa da princesa.

O segundo lenço ficou comigo.

– Ai, meu Deus, ai, meu Deus – geme Dona L., acamada há dias.

– O que foi? Por que a senhora está gemendo tanto? O que dói?

– Ai, meu Deus, tanta gente pra Ele ajudar, tanta gente doente, sofrendo, e eu aqui, nessa cama, nem posso fazer nada por Ele. Pobrezinho, tão só, com tanto trabalho pra fazer, e não pode contar comigo.

H. E A ÚLTIMA GRANDE REVELAÇÃO

Eu queria ir atrás dos clamores antigos que estariam guardados dentro das palavras.

Manoel de Barros

– Tem uma coisa muito importante que eu preciso saber, Dra. Ana. Pode acontecer de, em algum momento, eu ficar confuso, falando frases desconexas?

Olhei longamente para o rosto cansado de H. A resposta, eu sabia; o que não sabia, e estava tentando adivinhar, era o que estava por trás daquela inquietação.

– Por que está me perguntando isso, H.?

– Porque aconteceu com um amigo. Ele tinha câncer também, e quando estava morrendo falava umas coisas que a gente não entendia direito. Isso pode acontecer comigo?

Respirei fundo. H. era um senhor jovem, a caminho dos 70. Tinha câncer de pulmão muito adiantado e fazia quimioterapia paliativa – apenas para impedir o progresso da doença. Ia ao consultório a cada 15 dias; sua principal queixa era o cansaço, extremo a ponto de forçá-lo a abandonar seu trabalho na rede de postos de gasolina de que era proprietário – trabalho que ele adorava e que permitia dar vazão à sua imensa sociabilidade. Afetado pela doença, ficava agora em casa, cuidado pela esposa, companheira da vida toda, sem filhos. Ela o acompanhava ao consultório, mas ele sempre entrava sozinho. Tínhamos boas conversas sobre a vida e sobre um final digno, sem dor, sem arrependimentos.

– H. – comecei –, pode acontecer, sim. Quando a pessoa chega a uma fase mais avançada da doença e fica mais debilitada, pode começar a falar coisas aparentemente sem sentido.

Ele se assustou.

– Doutora, se isso acontecer comigo, a senhora pode me sedar?

– Posso. Mas por que eu faria isso? Se você não estiver agitado nem desconfortável, não vai precisar de sedação.

H. abaixou a cabeça e começou a torcer as mãos. Nitidamente, estava muito tenso e preocupado.

– Doutora, eu tenho muita vergonha, me desculpe, mas não sei se posso contar para a senhora.

– Pode contar. Você sabe que pode contar comigo – falei, desnecessariamente: ele já estava decidido a falar e sabia que, qualquer que fosse sua confissão, ficaria entre nós.

– Eu tenho muito medo de que isso aconteça comigo. Isso de ficar confuso e falar bobagem.

A história era a seguinte: H. era casado havia mais de 40 anos e tinha um relacionamento muito feliz com a esposa. Porém ela não era a única. Logo nos primeiros anos de casado, ele conhecera outra mulher; apaixonaram-se e desde então viviam uma história de amor paralela e secreta. Encontraram-se todos os dias até que o câncer o impediu de sair de casa e, consequentemente, de vê-la. Sempre cercado pelos cuidados da esposa zelosa, fazia três meses que ele não conversava com a namorada (será esse um jeito adequado de nomeá-la? Um namoro de mais de 30 anos?). Estava saudoso e angustiado, porém o sentimento que prevalecia era o temor de que, sem o controle das próprias emoções, pronunciasse o nome da outra diante da esposa, magoando-a profundamente. H. se sentia muito culpado por essa relação extraconjugal.

– Sabe, doutora, quando eu era jovem, eu era muito sonhador e tinha muitos planos, mas minha mulher sempre foi muito pé no chão e podava os meus sonhos. Teve uma época em que ela nem queria que eu falasse mais neles. Já essa moça com quem eu me relacionei dava asas aos meus projetos, mesmo os mais malucos. Com ela, eu podia falar as maiores loucuras, as coisas que eu queria escrever, os lugares para onde queria viajar, a vida que eu queria viver. Ela me ouvia e me estimulava a não desistir, e nós fomos muito felizes.

Longa pausa.

– Eu era feliz com as duas.

Uma lágrima escorreu na face enrugada.

– É muito difícil admitir isso para a senhora, mas elas me completavam. Minha esposa, séria e pé no chão, me fez crescer profissionalmente, me ajudou a juntar dinheiro e a conquistar uma posição social. A outra moça me fazia homem, me fazia rir. Com ela eu me sentia um ser humano livre. Mas eu não posso deixar que a minha esposa saiba.

Segurei a mão dele com delicadeza.

– Você gostaria de se despedir da sua namorada? Se quiser, eu ligo para ela e arranjamos um modo de vocês se encontrarem a sós.

H. ficou de pensar. Agradeceu a conversa e arrancou de mim a promessa de que, se ele entrasse em estado de confusão mental, eu faria uma sedação paliativa para afastar o risco de que se revelasse a existência da amante.

Passados alguns dias dessa consulta, recebi uma ligação da esposa de H. pedindo uma conversa comigo. Estranhei. Ela havia participado de apenas uma consulta, a primeira, e desde então ficava na sala de espera enquanto ele e eu discutíamos o rumo do tratamento. Respondi que estava à disposição. Marcamos uma reunião à qual ela iria sozinha.

Era uma mulher pequena e empertigada, de cabelos brancos bem cuidados, olhar forte, poucos sorrisos. Estava tensa e, assim como o marido no dia da confissão a mim, torcia as mãos no colo.

– Doutora, não sei o que faço com meu marido. Preciso do seu conselho.

Será que ela sabia?

– Estou muito arrependida. Eu fui tão dura com ele a vida inteira, doutora. A senhora não sabe como fui dura. Não deixei esse homem fazer nada do que ele queria fazer, nunca dei espaço para ele sonhar, e ele era tão sonhador! Agora não dá mais tempo. Ele vai morrer triste com todas as coisas que não realizou porque eu o impedi. Não sei como cuidar dele, como trazer algum conforto.

Tudo isso saiu aos borbotões, sem pausa para respirar. Ao final do desabafo, ela começou a chorar. Estendi a caixa de lenços de papel e me aproximei dela. Abracei-a pensando no quanto ela estava arrependida por ter cerceado o marido. Só que ele tinha achado um caminho para viver pelo menos alguns de seus sonhos. Um caminho sobre o qual ela jamais viria a saber.

Eu nunca soube se ela algum dia descobriu sobre a namorada.

Naquela reunião, fiz o que estava ao meu alcance: assegurei que ele estava bem. Ela quis saber se, quando ficávamos só H. e eu, ele comentava algo sobre a vida limitada que tivera. Se dizia ter sido infeliz.

– Ele nunca falou sobre isso – afirmei. – H. é uma pessoa plena e te ama muito, reconhece tudo o que você fez por ele, o quanto é cuidadosa e atenciosa, o quanto zela pelo conforto dele. Sempre comenta o tanto que você se dedica a ele, o quanto está próxima. Minha percepção é de que está em paz com a vida que levou.

A história teve um final muito tranquilo. H. acabou falecendo algumas semanas depois, por insuficiência respiratória. No final, precisou de sedação por sua condição clínica. Não apresentou nenhuma confusão e morreu sem dor, ao lado da esposa.

Depois de H., nunca mais tive a ilusão de que podemos controlar o outro. De que é possível modificar as pessoas ao nosso redor. Jamais saberemos se a mudança que às vezes enxergamos é real ou se o outro apenas encontrou um espaço, longe do nosso olhar e da nossa percepção, em que possa ser o que é.

Consigo compreender que haja um componente socialmente condenável na história desse homem, cujas camadas da alma ficaram tão sensíveis perto do fim. No entanto, não consegui sentir raiva dele. Falava da esposa e da namorada com doçura e, acredito, foi capaz de amar as duas, por serem tão diferentes. Era grato àquela que privilegiou seu lado sonhador, mas também reconhecia o papel da que fizera dele um homem realizador. Não fosse pela esposa, talvez tivesse saído pelo mundo, livre, e não tivesse construído nada. Ao mesmo tempo, os sonhos ocupavam um lugar tão vasto dentro dele que era impossível ignorá-los. H. não era um homem mulherengo. Teve duas mulheres, amou-as e morreu sem se despedir daquela que lhe ofereceu a leveza de uma vida sem outra obrigação que não a de divagar.

Quando estudamos o luto, muitas vezes nos debruçamos sobre o sofrimento das amantes. Sem julgamentos sociais: apenas analisamos aquela dor extensa que não pode ser chorada em público porque não é reconhecida. É um dos lutos mais difíceis de transpor na retomada de uma vida sem aquele que partiu.

São dois filhos adultos, um rapaz e uma moça. Por uma incompatibilidade de horários, converso com cada um em momentos diferentes. A mãe, com doença de Alzheimer avançada, enfrenta seus dias finais após apresentar uma quarta infecção, agora refratária aos antibióticos mais modernos. A conversa chega a um momento importante quando pergunto ao rapaz:

– Você acha que a sua mãe pode estar com alguma preocupação nesse momento?

– Sim, doutora. Minha irmã... Ela está muito emotiva, com muita dificuldade de aceitar a condição da nossa mãe. Ela quer ver uma realidade que não existe agora, entende?

Algum tempo depois, chega a moça. Vamos ter a mesma conversa. Faço a mesma pergunta:

– Você acha que a sua mãe pode estar com alguma preocupação nesse momento?

– Sim, doutora. Minha mãe se preocuparia muito com o comportamento do meu irmão.

Ele não está sabendo lidar com a realidade que temos agora. Está vivendo na esperança, sabe?

Eu vejo uma verdade que você não vê.
Você vê a verdade que eu não vejo.
E um dia sempre encontramos alguém que vê (tudo) o que não queremos ver.

A.M. E A SABEDORIA DOS QUE NÃO SABEM

quem
se eu gritasse
me ouviria entre as hierarquias dos homens.

André Gravatá

Uma pessoa com profundo déficit intelectual terá consciência do fim da vida?

Essa era uma pergunta que, como especialista em cuidados paliativos, eu fazia a mim mesma de tempos em tempos, movida ao mesmo tempo por curiosidade científica e olhar humanista. E, se tivesse consciência, como eu poderia ajudar essa pessoa, para além do controle puro e simples da dor? Eu achava que jamais teria essas respostas. Até que conheci A.M.

A.M. nasceu saudável, de parto normal, com Apgar 10 – nota máxima no exame que avalia cinco requisitos do recém-nascido: frequência cardíaca, respiração, tônus muscular, prontidão de reflexos e cor da pele. Filha de mãe saudável, desejada e amada desde o primeiro segundo em que se soube de sua existência, A.M. se desenvolveu bem até os 45 dias de vida, quando começou a vomitar copiosamente. Ao vômito logo se juntou uma febre persistente. Como nem um nem outro cedessem, os pais a levaram a um pronto-socorro. Os médicos, mesmo os especialistas, não conseguiam chegar a um diagnóstico. Seria encefalite, a gravíssima infecção no cérebro?, perguntou um deles a certa altura. Parecia.

No início dos anos 1970, o tomógrafo era uma novidade rara e recentíssima, mas alguns outros exames de imagem já conseguiam mapear com certa nitidez o cérebro humano. O bebê de menos de 2 meses foi submetido a um deles, e o que se viu ali estarreceu a equipe: A.M. tinha o cérebro atrofiado. Mesmo que chegasse à idade adulta, teria para sempre o cérebro de uma criança de no máximo 2 anos.

Mas o déficit intelectual não oferecia risco imediato de morte, então A.M. foi crescendo. Ainda pequena, desenvolveu uma agressividade que paralisava os pais. Mordia a si mesma e à mãe, atacava as duas irmãs – uma mais velha, outra mais nova –, gritava a noite toda. Uma vez, mesa posta para a ceia de Natal, puxou a toalha e atirou tudo ao chão. Destruiu uma TV ao derrubá-la da estante. Exigia vigilância perpétua. Exausta e perplexa, a família, de algumas posses, internou-a com 11 anos em uma clínica-escola para crianças "especiais", de onde só saía nas férias. A providência cara se manteve por sete anos, mas foi suspensa quando o negócio paterno, que sustentava a família, entrou em falência. A.M. tinha 18 anos quando voltou a morar com os pais.

Por essa época, eu era estudante de Medicina e conhecia fazia anos a história da família de A.M., que era próxima da minha. Curiosamente, embora não fosse de demonstrar sentimentos, ela parecia gostar de mim. Me chamava de "Cacalha", apelido que me parecia expressar carinho. Eu retribuía a chamando de "Patata". Não gostava de beijo, mas eu a beijava na marra, e ela fazia uma careta que não era só careta. Eu a ouvia atentamente enquanto falava de si mesma na terceira pessoa: "A.M. quer fazer xixi", pedia ela, mulher feita. Ou: "A.M. deixou escapar xixi. Que porcalhona! Não faz isso!", ralhava.

O caso de A.M., em especial sua agressividade, despertaram meu interesse como futura médica. A certa altura, quando já tinha iniciado meus estudos sobre a dor, um artigo científico que li me fez pensar no caso dela. Segundo esse artigo, doenças neurológicas desencadeiam uma agitação extraordinária, pois a presença de dor em uma pessoa sem condições de expressá-la claramente poderia se converter em agitação, única forma de externar o sofrimento. Passei a considerar que isso talvez explicasse as atitudes de A.M. Um fim de semana, fui visitá-la porque tinha uma ideia.

Encontrei uma família adoecida. A mãe, mulher que eu conhecera belíssima e vaidosa, tinha o ar cansado de quem abriu mão de toda esperança. O pai era uma figura abatida e andava encurvado, encolhendo sua altura outrora notável. A.M. me reconheceu, mas não chegou a expressar satisfação em me ver. Comecei a perguntar sobre seu estado: o comportamento agressivo continuava, alternando-se com períodos de estranha calmaria em que tudo parecia em suspenso, à espera do pior.

– Seu J. – dirigi-me ao pai –, o senhor alguma vez deu paracetamol para ela?

Ele me olhou confuso.

– Paracetamol? Mas paracetamol não é para dor?

Falei sobre o artigo que tinha lido, tentando convencê-lo. Nem foi difícil. Paracetamol é um medicamento barato, amplamente usado. Mal não faria, pensou seu J. Recomendei a dose e a periodicidade e ele deu. O paracetamol operou milagres e a família me agradeceu. Um cuidado tão simples.

O tempo passou. Absorvida pela faculdade, me afastei de A.M. e de sua família. Viajei, trabalhei feito louca e um dia, em um almoço com meus pais, tive notícias: ela vinha emagrecendo; a família estava preocupada; os médicos que a assistiam, desnorteados.

— Por que não vai à casa dela, filha? — sugeriu minha mãe. — Você ajudou tanto com o paracetamol. Quem sabe não dá uma luz?

Os pais me receberam com alívio e gratidão.

Havia algo errado com A.M., eu soube só de olhar. Estava muito emaciada, um palito – ela, que sempre fora opulenta a ponto de a mãe começar a oferecer menos comida. No entanto, a barriga parecia estranhamente crescida.

— Eu queria que ela emagrecesse um pouco, mas acho que exagerei – explicou Dona C.

A.M. era uma paciente difícil de examinar. Não gostava de ser tocada e reagia com brutalidade. Misteriosamente, porém, deixou que eu a apalpasse enquanto conversávamos banalidades – uma prova de confiança inestimável. Encontrei três massas no abdômen e adivinhei um câncer em estágio avançado. Propus que ela fosse internada para exames.

— De jeito nenhum! – protestou a mãe, evocando a experiência recente de um tratamento dentário para o qual A.M. precisara de internação: a anestesia tivera o efeito contrário e A.M. havia ficado mais agitada e agressiva que o normal.

Então, da forma mais suave que encontrei, falei das massas na barriga e das minhas suspeitas. A.M. foi hospitalizada.

Infelizmente, eu tinha acertado o diagnóstico. O câncer era agressivo e estava disseminado. Não havia tratamento curativo, apenas indicação de cuidados paliativos, que, à época (2006), já era a área do meu maior interesse na medicina. Tudo o que poderíamos fazer era dar conforto a A.M. pelo tempo que lhe restasse.

E lhe restaram seis anos.

Se a dor tinha sido companheira de A.M. ao longo da vida, pela característica da doença neurológica, no câncer tinha mostrado todos os dentes. Era tão forte e frequente que ela gritava; os tempos em que o paracetamol bastava havia muito tinham ficado para trás. Mas eu estava decidida a descobrir maneiras de atenuar aquele sofrimento. Mergulhei na pesquisa sobre a misteriosa alquimia do controle da dor, uma sensação individual e subjetiva e, portanto, não mensurável para o mundo exterior. Se hoje, na área de Cuidados Paliativos, sou conhecida por minha experiência em misturar drogas em altas doses e no tratamento de dores neuropáticas, devo isso aos esforços que fiz para garantir um final de vida digno para A.M. E, misericordiosamente, encontrei um caminho. Ela ficou bem durante todos aqueles anos, em casa, com os pais. Com câncer. Com doença neurológica. E ainda assim com vida, afeto e alguma eventual alegria.

A.M. viveu, mas não viveria para sempre. Quando ela entrou na fase final da doença, levei-a para o Hospice. A essa altura, seu J. já tinha morrido e Dona C. cuidava sozinha da filha, em uma rotina cada vez mais sacrificante. Expliquei a ela que sua filha ficaria muito bem no Hospice, onde teria conforto e viveria cercada por uma equipe cuja especialidade era oferecer a melhor vida possível quando o fim se aproximava. E eu trabalhava lá.

– Estou no Hospice todos os dias – falei. – Sei como todos são atentos e cuidadosos. Prometo que ela vai ficar bem. Além disso, do jeito que ela está, a senhora não daria mais conta de tratar dela.

A.M. passou ainda quatro meses no Hospice. Adorava bichos de pelúcia e a equipe adorava cuidar dela; com a medicação em equilíbrio e a agressividade neutralizada, abriu-se espaço para alguma doçura. Quando recebia visitas, encantava-se: "Você veio me ver?" E oferecia água sempre fresca da garrafa sobre o criado-mudo do quarto. Naqueles quatro meses, eu a vi diariamente. Lembro-me do dia em que sentei ao lado dela na cama e A.M. falou:

– Cacalha, você está tão bonita hoje. – Sorriso.

Na última semana de vida, um pequeno milagre. Eu a estava acomodando em uma cadeira e ela murmurou no meu ouvido:

– Cacalha, um beijo.

– Você quer que eu te dê um beijo, Patata?

– Não, eu quero dar.

Afeto e agradecimento naquela frase.

Quando a pessoa que está morrendo tem um sintoma que não é possível aliviar de maneira alguma, ainda que se utilizem todos os recursos disponíveis, indica-se a sedação paliativa. O objetivo desse procedimento é reduzir o nível de consciência, levando a um estado de sedação – desde níveis leves, nos quais o paciente desperta ao simples chamado, até os mais profundos, de sono ininterrupto. Pode ser uma sedação intermitente, que se inicia à noite e é desligada na manhã seguinte, proporcionando a experiência de um sono realmente reparador, ou contínua, em situações de grande sofrimento físico.

Sedação deve ser feita com sedativos, mas a maioria dos médicos ainda utiliza doses elevadas de analgésicos potentes, de modo que a sedação vem como efeito colateral. Por isso a morfina tem tanta fama de medicação relacionada à morte. Em serviços paliativos de boa qualidade, o controle de sintomas é obtido com grande efetividade e os índices de sedação são baixíssimos: em serviços exclusivos de paliativos, mal chegam a 10%; em hospitais gerais, mas com equipes qualificadas em cuidados paliativos, pode ficar em torno de 30% a 40%. Mais do que isso significa apenas que quem seda não sabe conduzir o controle do sofrimento preservando a lucidez do paciente.

Apesar de a eutanásia e o suicídio assistido não serem permitidos no nosso país, a sedação paliativa o é. Mas é preciso evoluir muito em sua indicação e, sobretudo, na abordagem do paciente e de sua família. Infelizmente, no Brasil, a maioria dos pacientes sedados em situação de terminalidade não sabe que receberão medicação que os fará dormir para sempre.

Ainda hoje recebo pacientes que me pedem eutanásia ou sedação. Peço a eles um voto de confiança em mim e em minha equipe. Parte importante do meu trabalho é aliviar o sofrimento por meio do controle dos sintomas de desconforto, e raramente alguém deseja a morte quando seu sofrimento está sendo cuidado. Mas há situações em que a sedação é claramente indicada. Nesses casos, não há dúvidas sobre o seu real benefício.

E chegou o momento em que o melhor que eu podia fazer por A.M. era sedá-la, com a aquiescência da mãe e das irmãs. Chamei-as para se despedirem.

– Me perdoa, minha filha?

– Eu te perdoo, mãe.

Na minha profissão, quase todo dia alguém me diz: "Não conta para ela que ela está morrendo." Esse pedido sempre me deixa desconfortável. Saber da proximidade do fim permite a quem está morrendo tomar todas as providências para si e para os que continuarão na vida.

A.M. foi quem me ensinou que tudo bem se eu não contar. Porque as pessoas sabem.

Acredito que todos nós temos uma consciência inconsciente sobre a nossa morte, uma inteligência acima do neocórtex que nos informa quando ela está chegando e nos impele a comportamentos que só serão compreendidos depois. O mundo está cheio de histórias de pessoas que, sem saber que estavam prestes a morrer, se despediram de gente querida, se reconciliaram com gente brigada, deixaram mensagens precisas sobre assuntos até então mal resolvidos. De alguma forma, elas sabiam.

A.M. tinha uma deficiência mental tão grave que, mesmo que eu lhe dissesse que logo morreria, ela não entenderia. Mas ela sabia. E, de alguma forma, fez todos os percursos de quem se despede da vida: agradecer, perdoar e ser perdoada, dizer que ama e permitir sentir-se amada, despedir-se. A verdade está na nossa alma. Nossa alma não se engana.

No final, a dor de A.M. ganhou uma potência absurda. Era uma dor visceral porque, com seu cérebro de 2 anos, ela não tinha discernimento para compreender a extensão de seu câncer. Apenas urrava. As janelas do Hospice tremiam com seus gritos. Talvez tenha sido a maior dor que presenciei. Nos meus estudos sobre a dor, consultei médicos em outros países: eles sabiam o que fazer? Revirei a literatura. Consultei meus pares. Nada; eu não achava essa resposta. Então, tive que procurar sozinha. As enfermeiras, habituadas à suavidade de antes, acudiam ao quarto dela com cara de pânico.

– Doutora, vamos fazer a medicação de novo? Ela já tomou dois resgates hoje! – diziam, entre condoídas e assustadas.

Se uma pessoa tem uma dor muito forte, beirando o insuportável, um médico com um olhar humano pode ministrar uma dose de 1 miligrama de morfina. Na medicina paliativa, temos um procedimento a que chamamos resgate. Resgates são doses extras oferecidas no intervalo das medicações regulares; se, no período de, digamos, quatro horas entre uma dose regular e outra, o paciente sentir muita dor, podemos dar a dose de resgate.

Muita dor, 1 miligrama.

A.M., em seu tormento pessoal, tomava doses de 100 miligramas de quatro em quatro horas e, entre elas, mais 100 miligramas de doses-resgate.

Houve um dia em que demos a ela três resgates.

Existia um risco, claro, mas era um risco calculado. Uma ousadia, não uma aventura. Cada vez que eu admitia a possibilidade de mais um resgate, pensava muito antes. Ela poderia ter uma depressão respiratória. Eu procurava estudos, fazia consultas, tentando evitar. Mas a alternativa de não dar o resgate era deixá-la mergulhada naquele sofrimento infinito. Então eu autorizava.

🐦

Eu sabia que ela estava morrendo, mas não podia ficar perto o tempo inteiro, até o fim. Naquela que seria minha última visita, estava acariciando o rosto dela quando me ocorreu: "Dá um jeito de me avisar quando você for." Eu pensei. Não falei.

O sonho veio algumas noites depois, de sábado para domingo. Tive a sensação clara, física até. A.M. entrou no meu quarto, sentou-se na minha cama e segurou minha mão. Se aproximou de mim e me deu um beijo. Tão real. Acordei. Foi um sonho, mas eu soube que não fora apenas isso. Liguei para a mãe.

– Dona C., a senhora está com a A.M.?
– Não, estou em casa, por quê? – O pior na voz dela.
– Vá para o Hospice – pedi. – Agora.
– Mas o que está acontecendo? Por que você está me ligando a essa hora, me dizendo isso?
– Eu não sei, Dona C. Apenas vá.

Ao longo dos meses no Hospice, aquela mãe me dissera várias vezes do seu medo de que a filha morresse sozinha. Me aliei ao sofrimento dela e passei a temer uma morte solitária para A.M. Pedi a A.M. que me avisasse. Misticamente, misteriosamente, ela me avisou.

Ela morreu naquela noite, de mãos dadas com a mãe.

Diagnóstico de câncer de pulmão. Pergunto:
   – Como você está se sentindo diante de tudo isso?
   – Vamos em frente.
   – Tamo junto!
   – É por isso que eu vou em frente.

M., C. E O PERDÃO QUE VEM ANTES DA CULPA

Os maus é que têm de ser perdoados.
Os inocentes têm em si mesmo o perdão.

Clarice Lispector

M. e C. eram mãe e filha. Uma mãe que tratava a filha com crueldade. Uma filha que amava a mãe simplesmente porque ela lhe dera a vida. Uma história surreal, daquelas que subvertem paradigmas. Chegaram juntas ao Hospice, a mãe com um câncer de intestino, em estágio terminal, a filha com uma preocupação infinita.

– Doutora, ela pode ter agido mal comigo, mas teve tantos problemas quando era moça, fez tanta coisa errada... – dizia a filha. – Pra mim, tá tudo certo. Não tem outra coisa que eu possa fazer a não ser amar a minha mãe.

Na juventude, a mãe fora uma prostituta famosa em sua cidade, no sertão da Bahia. Não aceitava qualquer cliente: só aqueles que pudessem lhe oferecer algum benefício. Transava com o açougueiro em troca de carne de primeira, com o dono do supermercado por suprimentos, com o delegado por proteção. Na comunidade, apesar da profissão maldita, era considerada "de elite". Teve quatro filhos. Deu três; destes, dois estavam sabidamente mortos e o terceiro desaparecera havia anos. O quarto era C., a mulher de olhar compungido que fizera a internação. C. tinha nascido "com defeito" – como se dizia no interior perdido de onde vinham: era estrábica. Por achar que ninguém a quereria, a mãe a manteve consigo, para serviços domésticos gerais.

A vida inteira a tinha tratado como uma escravinha. Nenhum afeto. Nenhuma alegria.

Um dia, C. se libertou. Casou-se, teve filhos, formou uma família amorosa que ralhava com ela sempre que procurava a mãe – o que fazia com alguma frequência. Um dia, a mãe adoeceu, a perna estranhamente escura. C. a levou ao Hospital das Clínicas de São Paulo, a cidade que havia acolhido ambas tanto tempo antes. A perna desfigurada tinha gangrena, resultado de uma embolia periférica; estava apodrecendo, algo nada bonito de se ver. Porém era o menor dos problemas. No HC, o câncer foi descoberto e a mulher, já pra mais de 80 anos, foi desenganada e encaminhada para o Hospice.

Quem me contou a história completa foi a filha. Estava devastada pela notícia da terminalidade da mãe.

– As pessoas me condenam por eu querer cuidar dela, mas ela me deu a vida, doutora. Tem alguma coisa errada nisso?

Eu me comovi olhando para aquela filha, que embolava um lenço de pano puído nas mãos, enxugando as lágrimas. C. não era deste mundo, deve ter descido no planeta errado. Quando olhava para a mãe, eu quase via os coraçõezinhos subindo, como em uma *live* de redes sociais. Visitava a mãe quase todo dia, conversava amorosamente, dava comida, ajudava os enfermeiros nos cuidados e curativos.

E a mãe? Seca como as terras do sertão que haviam parido as duas. Seu olhar era uma espada, difícil de sustentar; aquele olhar que, quando pousa sobre nós, nos faz estremecer por dentro. Não era má, mas era profunda. Parecia saber o que não queríamos contar. A primeira vez que não desviei os olhos primeiro, ela me cumprimentou.

– Você é uma pessoa forte. Parabéns. – Seca. Sem exclamação ao final da frase. Por dentro, gelei.

Essa mulher foi ficando no Hospice e não havia como ignorar o carinho servil da filha e a indiferença cortante da mãe. Nas minhas rondas, comecei a perceber a raiva no olhar habitualmente compassivo da equipe do Hospice. Não a tratavam mal, mas não a tratavam bem. Eu já tinha visto esse fenômeno antes, com pacientes que chegavam até nós com histórico de violência familiar; muitas vezes, precisei reunir a equipe e lembrar a todos que, naquele lugar onde vidas se fechavam, era nosso dever praticar o exercício ativo da não condenação. Por mais difícil que fosse – afinal, todos julgamos o tempo todo. Entendo a tendência humana a fazer justiça. Ela também está em mim. Mas não podemos condenar ninguém com base nos nossos valores e pressupostos. Muito menos ali.

– O cara bateu na mulher dele, não agrediu nenhum de nós. Não temos nenhum direito de fazer qualquer vingança ou punição – eu aconselhava quando isso acontecia. – Se a mulher perdoou ou não, isso não tem a ver com o que estamos fazendo aqui.

Chamei a equipe para conversar sobre o caso de C. e sua mãe.

– Eu sei que dificilmente alguém aqui escolheria essa mulher como melhor amiga – comecei –, mas estamos aqui para cuidar dela. Não fizemos parte da vida dela. Ela não deu à luz nenhum de nós, não nos escravizou. E a única pessoa que poderia condená-la legitimamente não condena.

No entanto, à revelia de todos os prognósticos espirituais, era uma delícia entrar naquele quarto. Na fase final, é comum as pessoas terem alucinações com seus mortos ou com gente da família. Aquela mulher via os filhos que entregara para adoção e conversava com eles como se tivessem se reencontrado em vida.

– Hoje falei com o João – me dizia ela, com a maior naturalidade. – Mas ontem quem esteve aqui foi o José. Os dois estão bravos comigo porque eu dei eles quando nasceram, mas me perdoaram.

A fala, porém, tinha leveza e tranquilidade, o que tornava aquela experiência ainda mais extraordinária. No senso comum, pessoas "más" têm uma morte tenebrosa. Nada a ver com a paz daquela mulher.

Eu, em particular, tinha por ela um sentimento de gratidão: foi a primeira paciente em quem dei banho. Essa é uma experiência que, em geral, cabe à enfermagem. Médicos não aprendem a dar banho. Nunca. Mas eu queria aprender: acredito que faz toda a diferença na qualidade do respeito ao tocar um corpo adoecido. Pedi permissão a ela.

– Posso dar banho na senhora? Eu nunca fiz isso, mas gostaria de fazer.

Ela me olhou, e por um instante, em vez de espadas, vi dúvidas.

– Você vai ser capaz de me dar banho? – Puxou o lençol e exibiu a perna gangrenada, meio descarnada, tendões e músculo à mostra, uma cena de filmes realistas de guerra. – Você vai ser capaz de lavar meu corpo assim?

– Se a senhora permitir, eu vou, e vou fazer o meu melhor.

Nunca houve instrutora melhor sobre como banhar

pacientes terminais. Pacientemente, ela me indicou onde doía, sugeriu manobras, observou com calma e dor a água correndo sobre a ferida. No final, vesti-a e, olhando-a tão profundamente quanto ela me olhava, falei apenas:

– Obrigada.

Nos últimos dias, C., a filha, se tornou menos presente. Soube depois que o marido tinha ameaçado sair de casa se ela continuasse "dando mais importância à mãe do que à própria família". "Ele não entende que minha mãe também é família, doutora", ela me disse ao telefone. Embora não visitasse a mãe, C. ligava todos os dias, às vezes mais de uma vez, muito sofrida. No quarto dia de ausência da filha, a mãe me abordou quando eu passava visita.

– E a C.?

Meu coração afundou.

– Ah, ela não tem vindo porque está com o neto doente – improvisei. – Muito resfriado. Não pode ir à escolinha, então a C. tem que ficar em casa com ele.

– Liga pra ela – ordenou a mãe, voz imperiosa, espada nos olhos. – Fala que eu quero ver ela.

Espanto total. Silêncio no quarto, enquanto eu procurava as palavras.

– A senhora quer só ver a C.?

– Não, eu quero que ela me traga arroz-doce.

Saí do quarto confusa, mas obedeci. Quando relatei a conversa à filha, impossível não perceber a alegria na voz dela.

– Dra. Ana, não brinca comigo. Verdade que minha mãe quer me ver?

– Quer sim, e quer também que você traga arroz-doce.

Essa filha veio voando: minha percepção é que não demorou nem uma hora. Não sei como providenciou a encomenda, mas o arroz-doce veio quentinho, em uma vasilha transparente com tampa laranja, meio embrulhada em um guardanapo florido.

– Verdade mesmo que ela me chamou, doutora? – perguntou C., ainda incrédula.

– Vai lá e pergunta pra ela– sugeri, e lembro que estávamos as duas sorrindo.

Uns 10 minutos depois, fui ao quarto da mãe, que tagarelava e sorria – ela nunca sorria. A filha lhe dava o doce na boca, em porções pequenas e gestos gentis.

Alguns dias depois, essa mãe morreu lindamente, ainda que a perna gangrenada tenha deteriorado o processo de finitude. Indo contra todos os prognósticos espirituais, sociais e morais, a história termina com uma total conexão entre mãe e filha.

Muitos anos depois, ainda me pego pensando por que essa história me fascina tanto. Talvez porque, nela, o perdão venha antes da culpa. Não sei se aquela mãe pediu perdão, mas a filha nunca achou que fosse preciso.

Muitos de nós somos capazes de perdoar quando nos pedem perdão, mas transformamos o arrependimento em exigência. Só quem pede perdão é perdoado.

C. não impôs condições. Não atribuiu culpas nem falhas. Essa generosidade produziu uma das mortes mais lindas que já presenciei. Nos despedimos com um abraço triste. A mãe tinha partido. A filha estava em paz.

Então, apesar da proximidade da morte aos 57 anos, ele decide fazer algo diferente.

Passando visita, me deparo com uma cena única. A porta do banheiro está aberta, e por ela vejo, diante do espelho, um rosto de pele fina sobre os ossos aparentes – uma imagem difícil de fitar. Mas a delicadeza encanta, e, apesar do drama, não posso deixar de me envolver na beleza do que vejo. Ele poda cuidadosamente o canteiro dos pelos recém-nascidos que recobrem o lábio. As mãos trêmulas se orientam pelo olhar atento ao espelho e traçam um novo destino para o novíssimo bigode. Uma navalha sabe o que é preciso cortar quando bem guiada.

– Uau! E você está deixando crescer! – digo, admirada e cúmplice.

Ele dá um meio sorriso, uma piscadinha e a resposta:

– Pois é, doutora. Vou ficar bem assim, vou ficar.

Nossos sorrisos se abraçam, e hoje sei a resposta para o que me espera no tempo que ainda não vivi.

– Vamos todos ficar bem, vamos ficar.

0. E A REUNIÃO DE FAMÍLIA PARA ALÉM DA VIDA

Acho que morrer é assim:
– Deus, me passa no pontilhão?
– A pé ou no colo?
– No colo.
Você fecha os olhos e quando abre já passou.
Não doeu nada.

Adélia Prado

O. tinha câncer de pulmão. Não era paciente meu, mas seu estado era terminal e o oncologista que cuidava dele, um profissional muito reputado, tinha viagem marcada para um congresso importante. Esse oncologista me procurou por conta da minha experiência com paliativos e me pediu que acompanhasse O. durante sua ausência. Marcamos um café, durante o qual ele me explicou o quadro. Encerrou a conversa com o seguinte comentário:

– Pedi a alguns colegas oncologistas que cuidassem de outros pacientes, Ana, mas para esse caso específico queria você. – Abaixou a cabeça, claramente entristecido. – É uma família muito próxima e querida e tenho um carinho muito especial pelo O. Sei que você é boa médica e também uma pessoa amorosa. Vou me sentir mais tranquilo se acompanhar esse caso.

Pus a mão sobre a dele e disse que faria o meu melhor. Agradeci a confiança e nos despedimos com um abraço.

A princípio, parecia uma história muito tranquila de estadia em hospital. O. se submetia a quimio e radioterapia, mas, por exigência do plano de saúde, deveria permanecer internado durante as sessões de rádio. Seu estado geral era ótimo. O oncologista viajou e O. fez a primeira sessão, a segunda... Na terceira, algo deu errado.

Era um homem de seus 40 e muitos anos, de compleição robusta e olhos miúdos, sorriso atento. Quase não havia marcas ou sinais de tratamento do câncer. Exceto pela palidez, nada indicava adoecimento. Tinha força e disposição para encarar as agruras do tratamento porque queria viver bem enquanto pudesse viver. Otimista, pouco se queixava. Assim o descrevera seu médico, e assim eu o via até a terceira rádio. Naquele dia, achei-o cansado e ofegante. Ouvi o pulmão, e não me pareceu bom. Pedi uma radiografia, e a imagem que veio, uma nuvem branca no centro do tórax, me preocupou. Continuei investigando e a tomografia indicou um processo inflamatório difuso nos dois pulmões.

Eu sabia o que era. E era ruim.

O. apresentava uma reação que ocorre raramente em pessoas submetidas a um tratamento oncológico: tinha uma pneumonite, inflamação provocada pela radioterapia em um órgão já sensibilizado pelas substâncias da químio. Se não tivesse tomado os remédios, aquele processo não teria ocorrido. Com sua condição se agravando depressa, eu precisava falar com ele. Teríamos que tomar algumas decisões.

Quando entrei no quarto, o semblante obviamente preocupado e tenso, ele logo compreendeu que a conversa não seria leve. Informada pelo oncologista que cuidava de O., eu sabia que aquele paciente não desejava ser reanimado caso tivesse uma parada cardiorrespiratória. Sabia também que não desejava ser entubado. Entubado, ele ficaria preso ao aparelho e em algum momento morreria assim, acoplado à máquina. Sem entubação, morreria também, talvez mais depressa, porém em contato com a família ou durante o sono. O desfecho não estava em questão. O que estava em debate era o caminho até o desfecho. O. compreendia seu estado e o avanço da doença com imensa clareza e rejeitara antecipadamente quaisquer providências para prolongar sua vida – ou melhor, para adiar sua morte. Mas o que estava acontecendo com ele naquele momento era diferente.

– O., nós dois sabemos que você sofre de uma doença grave e incurável, mas este é um evento agudo. Não tem a ver com a progressão do câncer, é uma complicação do tratamento. Sei das suas decisões sobre tratamentos mais agressivos, mas, diante da possibilidade de revertermos essa condição, você aceita que eu pegue um pouco pesado para tirar você da crise?

Ele inspirou com grande esforço, os olhos presos nos meus.

– Preciso dizer que essa pneumonite pode não ter reversão. Pode ser que você não volte a se sentir como ontem.

Ele demorou um pouco a responder.

– Eu aceito, Ana Claudia. Estou me sentindo muito mal, com muita falta de ar.

Então expliquei a ele que não o entubaria. O melhor, naquela situação, era colocá-lo em um aparelho que o ajudaria a respirar melhor. Esse aparelho, o CPAP, nada mais é do que uma máscara acoplada a uma máquina que leva oxigênio aos pulmões por meio de pressão, sem precisar passar um tubo na garganta.

O. tinha claustrofobia e temeu sua reação. Pedi que fizesse uma tentativa.

– Você vai se sentir melhor – assegurei.

Novo esforço para respirar.

– Está bem. Mas, no que puder, você fica comigo?
Segurei as mãos dele.
– Fico – respondi.
– Promete que, se não der certo, você tira a máscara e me deixa morrer em paz?
– Prometo.

Reunimos a família – numerosa, presente, afetiva – e comunicamos nossa decisão. Internei O. no setor de terapia semi-intensiva, coloquei o aparelho, apliquei uma dose altíssima de corticoide e esperei. Fiz de tudo para tirá-lo da crise, mas ele não reagiu. À medida que as horas passavam, o quadro piorava e O. se tornava mais e mais dependente do aparelho. A claustrofobia se manifestou, poderosa, agravando a falta de ar; para que ele suportasse a máquina, sedei-o. Não era a melhor indicação, já que a sedação pode comprometer a qualidade do procedimento, mas, diante de tanta agonia, era o correto a ser feito. Convoquei a família novamente. Marcamos na cafeteria do hospital, um território neutro para conversas terríveis.

A situação toda era muito delicada: eu era uma médica nova na história, tinha assumido o caso e eis que, de repente, o paciente se vira diante da morte inevitável. A mãe, uma senhora miúda, já bem idosa, de cabelos muito brancos, estava lá; nós nos olhamos. Amei o olhar dela na mesma hora, e ela, o meu. Trocamos sorrisos impotentes. Outras pessoas foram chegando, até que faltava apenas uma irmã com que não conseguiam contato; o celular parecia desligado.

Estavam todos tristíssimos, mas serenos. Eram kardecistas, pessoas em conexão profunda e fervorosa com o mundo espiritual, dentro de sua crença. Ainda assim, tínhamos uma decisão difícil a tomar. O quadro se agravara tanto que não havia o que fazer. O. não sobreviveria. Era raro, era terrível, mas havia acontecido. Lembrei a todos a promessa que fizera a ele, repetida diante de algumas das pessoas que estavam ali na cafeteria: se não desse certo, eu tiraria o aparelho e o deixaria morrer em paz. Fiz a minha proposta:

– Gostaria de mantê-lo em sedação profunda e retirar a máscara, deixando apenas o cateter de oxigênio. É possível que ele faleça em pouquíssimo tempo.

Um dos irmãos fez a pergunta que estava na cabeça de todos:

– Mas isso não é eutanásia?

Essa é uma questão que enfrento muitas vezes na minha carreira de médica paliativista. Ainda há muita confusão sobre o que é a eutanásia e os outros cenários em que a morte ocorre. Comuniquei àquela família que já começava a viver o luto: não pratico a eutanásia.

Eutanásia é a morte boa – essa é a tradução da palavra. É o ato médico de matar um paciente em sofrimento decorrente de uma doença incurável. O paciente *diz* que não quer viver isso, que prefere morrer a vivenciar a dor da doença. Quando o diz, não pode estar deprimido. Além disso, deve estar lúcido e orientado juridicamente – afinal, trata-se de um ato da vida civil. Então ele assina um documento e marca o dia em que irá para uma instituição onde receberá uma dose mortal de um combinado de medicações e morrerá – por efeito dos remédios, antes que a doença em si o mate.

Há também o suicídio assistido, em que o paciente manifesta o mesmo desejo. Assina os documentos, não está deprimido, está lúcido, orientado e capaz de atos da vida civil. Pede que o médico prescreva uma combinação letal de medicamentos, compra-os e toma por conta própria, quando quiser.

A ortotanásia é a morte correta. É o curso natural da doença, sem fazer nenhum tipo de intervenção para adiantar a morte nem para prolongar o sofrimento decorrente daquele processo. Nos cuidados paliativos, reconhecemos que a morte acontece, que é um fato. Não lutamos contra ela; trabalhamos a favor da vida até que a morte chegue.

Por fim, existe a kalotanásia, expressão que se traduz como "a morte bela". É aquela que merece estar na sua história.

Expliquei tudo isso à família, acrescentando que, no caso de O., o que faríamos era dar permissão para que a morte natural acontecesse, no seu tempo.

– Ele tem uma doença incompatível com a vida. Nada o impedirá de chegar à morte. Nesse contexto, entre mim e ele houve uma promessa, e eu gostaria de cumpri-la permitindo que ele morra quando chegar a hora. Não vou matá-lo – concluí. – O que farei, se todos aqui estiverem de acordo, é não prolongar essa situação de terminalidade. Que foi o que ele me pediu.

Seguiu-se uma discussão inusitadamente acalorada sobre o tempo de vida que O. ainda teria sem o aparelho (imprevisível, respondi) e se sofreria (não; garanti que cuidaria para que não sofresse). Em meio ao debate, chegou a irmã até então incomunicável. Estava agitada, esbaforida.

– Gente, gente! Tenho uma mensagem! – explicou. – Vim correndo, preciso mostrar para vocês.

Aquela irmã estava vindo de um centro espírita, ao qual tinha ido para tomar um passe. Nesse centro, alguém lhe entregara uma mensagem psicografada de seu pai. Ela tremia, o papelzinho na mão. Não conseguia falar mais nada. Alguém pegou a mensagem da mão da mulher e leu em voz alta:

– "Meus queridos filhos, minha esposa amada, quero dizer a vocês que estou preparado para receber O. aqui. Está tudo bem: ele está sendo amparado pelos avós e pelos parentes que vieram antes. Haverá seres de luz para conduzi-lo pelo caminho. Por favor, aceitem o que a médica está propondo. É o melhor a ser feito agora por ele."

Pela primeira vez na minha vida de médica, uma pessoa do além participava de uma reunião de família. "Aceitem o que a médica está propondo."

Fez-se a paz.

Em meio à comoção na cafeteria, Dona M., a mãe, me puxou para um canto.

– Posso pedir uma coisa para a senhora, doutora? Eu queria que fosse a senhora a tirar a máscara dele. Sei que foi pouco tempo de convívio, mas ele gostou muito do seu jeito. Não imagina quanto.

Concordei. Algum tempo depois, na presença da família e sob forte emoção, desconectei o aparelho. Um tranco, e O. respirou sozinho. Respirou tranquilamente, sem demonstrar nenhum desconforto. Contrariando os manuais médicos, viveu ainda três dias sem a máscara, com a falta de ar sob controle e aproveitando imensamente cada momento com a família. Quando eu entrava no quarto, só via coisas lindas: amor, carinho, cuidado, despedidas, serenidade. A família, entre maravilhada e perplexa, me perguntava qual era o significado daquilo.

– Lembram da mensagem do pai dele? – respondi a certa altura. – O pessoal lá de cima deve estar se preparando para receber este homem maravilhoso. Pediram para ele esperar aqui. Então, segurem a onda. Vão ficando com ele, vão amando mais um pouquinho enquanto terminam de arrumar tudo por lá.

A médica que sou olhava para aquela celebração dos últimos dias como um milagre. Com oxigenação abaixo de 70%, quando o normal é mais de 90%, eu não compreendia como O. ainda estava vivo. O ser humano que sou piscava para a médica que mora em mim: quem disse que há resposta para todas as perguntas?

– Como vai, minha querida? Como foi o fim de semana? – pergunto logo ao entrar no quarto, passando visita em uma manhã fresca de segunda-feira.

– Estou bem! Estou muito bem mesmo! Ah, meu amor, como eu estou feliz!

Ela está morrendo, mas parece que acabou de tirar a sorte grande.

– Mesmo? Por que tanta alegria assim? Foram os morangos, foi?

(Uma visita na véspera lhe levara quitutes. Tinham me contado.)

– Os morangos, os pezinhos de galinha, que estavam deliciosos... Tudo isso que fazem por mim! Eu estou tão bem, tão feliz que posso morrer bem assim! Estou feliz, não estou sofrendo... Estou morrendo e isso é tão maravilhoso...

– ...

Ela prossegue, ignorando minha perplexidade:

– Conta pra todo mundo, minha doutora: morrer é lindo. Não precisa sofrer... Não precisa ter medo, não...

E, olhando esse brilho nos olhos dela, que emitiam mais luz do que o sol na janela, eu entendo como a morte e a felicidade podem estar juntas na mesma frase e isso fazer todo o sentido do mundo.

V. E OS DESAFIOS DA AMIZADE

o enigma do firmamento
ansioso, à sua espera
toda vez que você abre
uma janela

André Gravatá

V. foi minha primeira paciente da categoria "amiga". Uma experiência difícil, amorosa e extraordinária, que muito me ensinou sobre mim, sobre a vida e sobre a morte.

Nós duas nos conhecíamos desde o início dos anos 2000. Ela era chefe do setor administrativo da oncologia de um grande hospital paulistano e eu fora convidada para coordenar a implantação da área de cuidados paliativos. Nos aproximamos naturalmente quando ela me ofereceu um espaço para trabalhar dentro da unidade de radioterapia do hospital. V. era uma típica aquariana, dona de uma perspectiva de mundo de altíssima complexidade, mulher visionária. Médica pediatra, não chegou a exercer a profissão, preferindo se dedicar à gestão – o que fazia com humanidade e competência. Não havia desafio que não enfrentasse com uma mistura muito peculiar de leveza, pragmatismo e certo temperamento da pá virada quando algo não corria como desejava. Eu a adorava. Ficamos tão amigas que, alguns anos antes, ao saber da minha especialização em Geriatria, ela me confiou os cuidados com sua mãe, Dona I., uma senhorinha gaúcha esplêndida, octogenária, de grande sabedoria e paixão pela vida.

Eis que um dia vejo o nome de V. na minha agenda do consultório.

Eu sabia do câncer. Poucos meses antes, em uma consulta de rotina, o ginecologista tinha percebido algo anormal no exame clínico. Outro exame, de imagem, confirmou a presença de uma tumoração. Na cirurgia, constatou-se que era câncer. O estadiamento – a pesquisa de metástases – encontrou focos da doença na pleura (a membrana que recobre o pulmão), no próprio pulmão e em toda a pelve. V. não tinha filhos e nunca tinha engravidado. Cuidava-se com meticulosidade e, talvez por acompanhar tantos casos na Oncologia no hospital, fazia preventivos a cada seis meses. O câncer havia se instalado e se espalhado nesse pequeno intervalo e era bastante agressivo. Minha amiga estava com 52 anos quando recebeu o diagnóstico.

– Fiz a cirurgia e marquei com um oncologista. Vamos ver o que vai acontecer. – Assim ela me deu a notícia, um pouco abatida, mas longe de se sentir derrotada.

Então vi o nome dela na minha agenda. Deve querer falar sobre a mãe, pensei.

Recebi V. no consultório com um misto de contentamento e preocupação. Abracei seu corpo moreno e miúdo e observei o brilho nos seus olhos castanhos. Estava tudo lá. Respirei aliviada: ela parecia bem.

– Com tanta coisa acontecendo na sua vida, você marca uma consulta para falar sobre sua mãe, V.? – provoquei, em tom de brincadeira.

– Não, essa consulta é para mim.

Meu coração descompassou.

– Mas está tudo bem com você?

Ela sorriu.

– Ana, eu aprendi com você que paciente com câncer

em estágio avançado precisa de cuidados paliativos desde o diagnóstico. Vim aqui porque preciso saber se você topa ser a minha paliativista.

Os 30 segundos seguintes foram de silêncio absoluto. Eu não soube o que responder. Ela falou primeiro.

– Eu sei que vai ser um pouco difícil para você porque somos amigas, mas eu não confio em outro médico para cuidar de mim. Por favor, diga que aceita.

Eu disse o que queria, deveria e precisava. Sim.

O cuidado com pacientes da categoria "amigo" exige atenção redobrada de um profissional da saúde. Decisões técnicas, que um médico toma com convicção e lucidez em um paciente da categoria "paciente", tornam-se muito mais complexas quando se trata de amigo. Ao longo dos três anos em que V. permaneceu sob os meus cuidados, incontáveis vezes me questionei se estava no caminho certo. Será que essa é mesmo a melhor abordagem?, eu me perguntava. Será que essa decisão está sendo maculada pelo meu afeto? No caso de V., sempre havia uma tensão multiplicada. A certa altura do tratamento contra o câncer, por exemplo, eu sabia que o melhor era adotar a nutrição parenteral, ou seja, que V. recebesse os nutrientes de que precisava por via venosa. Fiz a indicação e logo comecei a me questionar: "Será que estou superestimando a capacidade de resposta da minha amiga? Será que, de tanto querer que ela viva, estou indicando um procedimento inútil e sofrido de prolongamento da vida?" Lembro-me de passar toda uma madrugada debruçada sobre livros, buscando referências na literatura médica, até ter a certeza de que havia feito o melhor.

Por outro lado, o fato de acompanhá-la no combate ao câncer agressivo com minha visão paliativa permitiu que ela ousasse em alguns momentos do tratamento – e vivesse com qualidade por mais tempo. A mais eficaz das drogas quimioterápicas contra o câncer de ovário que tínhamos na época só podia ser utilizada por um período breve, pois os efeitos colaterais eram intoleráveis. Graças ao controle desses efeitos, V. pôde desfrutar dos benefícios dessa droga por muito mais tempo.

Nesse longo tratamento, marcado por recidivas – achávamos que tínhamos acuado o monstro e eis que ele voltava mais forte –, vivemos experiências de afeto e proximidade que deram novo sentido à minha existência. Houve um dia, já nos últimos meses, em que a quimioterapia desencadeou um rosário de sofrimentos indescritíveis. Os efeitos surgiram na madrugada: azia, mal-estar, enjoos e vômitos a intervalos curtos, de no máximo meia hora – foram mais de 20 episódios até o amanhecer. Passei a noite em claro com ela, ministrando todas as medicações contra náusea que eu conhecia. A certa altura, compadecida mas impotente, com minha amiga nos braços, tive uma ideia.

– V., vamos fazer de conta que a gente está no meio do mar, em uma jangada, e que você está muito enjoada por causa do balanço do barco. Mas você sabe que a música faz você se sentir melhor. O que quer ouvir?

Ela me olhou como quem pensa: "De onde saiu essa pessoa?"

– Você deve estar doida, Ana Claudia. Muitas horas insone, deve ser isso.

Insisti:

– O que vamos ouvir?

– Chico Buarque – ela cedeu.

Procurei na minha mochila a pequena caixinha de som que sempre levo comigo e me conectei à plataforma de *streaming* pelo celular. Então olhei em volta. V. pálida, estropiada, a cama totalmente desarrumada, o ar pesado.

– Você está parecendo uma indigente jogada na sarjeta – falei. – Peraí.

Conduzi minha amiga a uma cadeira e troquei os lençóis. Peguei um cobertor limpo, afofei o travesseiro, dobrei o edredom como se fosse um apoio de berço. Abri as janelas para o ar frio da madrugada. Acomodei-a na cama, abraçada com o travesseiro, e pus Chico Buarque para tocar. Exausta e amada, V. finalmente adormeceu, até com um sorriso, ao som de "A mais bonita".

Na última semana de vida, V. entrou em processo ativo de morte, um tempo de cansaço extremo e grande dificuldade respiratória. O Dr. H., um colega paliativista e amigo querido, foi visitá-la em casa em uma sexta-feira – eu tinha me comprometido com um curso e não conseguiria ir. Lá estavam Dona I. e A. – a mãe e o marido.

Dona I., 84 anos, era minha paciente de geriatria. Valentemente, tinha acompanhado boa parte da evolução do câncer da filha. Algumas semanas antes, ela me puxara de lado durante uma visita.

– Ana, meus outros filhos querem que eu vá embora, volte para o Sul. Não deixe. Você é minha médica e eles te ouvem. Eu só vou sair daqui com a minha filha, morta ou curada.

– Entendo, I., mas você me promete que vai tomar seus remédios e se cuidar? Esses tempos não serão nada fáceis... Posso confiar em você, para que eu possa te apoiar nessa decisão?

– Sim. Sei que vou conseguir, tenho você comigo.

Eu a abracei e tentei disfarçar o choro.

– Então vamos em frente – falei.

Ela, percebendo minha emoção, segurou meu rosto entre as mãos e se reconheceu nos meus olhos.

– Sei que para você também não vai ser fácil, mas V. confia muito em você e sabe que você vai fazer o melhor que puder por nós.

Abraço longo. Vida que segue.

A. e V. estavam juntos havia 18 anos, cada um na sua casa, por decisão dela e contra a vontade dele, que queria um casamento formal. Quando ela adoeceu, ele enfim encontrou a justificativa perfeita para atraí-la a uma relação convencional: a inclusão no plano de saúde. Casaram-se em um raro período de calma entre duas recaídas do câncer, fizeram uma breve viagem de lua de mel ao Nordeste, e esse homem, a lealdade e o amor em pessoa, permanecia do lado dela desde então. Incansável no cuidado, mas cansado no sofrimento.

O Dr. H. pediu aos dois que saíssem, para examinar V. com privacidade.

– Dra. V. – ele sempre a chamava assim –, você quer me fazer alguma pergunta? – indagou ele ao final da consulta.

– Quero – ela disse baixinho, quase um sussurro. – Esse é o começo do fim?

O Dr. H. pensou um pouco antes de responder. O afeto atinge a gente naquele espaço entre as costelas, bem à esquerda. Dói, a gente balança o olhar buscando um lugar de refúgio, mas a coragem de amar de verdade e pela verdade e deixar a vida seguir é maior.

– É – respondeu ele, apenas.

V. agradeceu a sinceridade. O Dr. H. assegurou a ela que não estaria sozinha quando chegasse a hora; ficaríamos ali, oferecendo todo o conforto possível para uma passagem suave, sem dor, sem sofrimento. Despediram-se com um abraço. Longo, também.

No dia seguinte, sábado, enfim pude estar com ela. Encontrei-a muito mais cansada e com imensa falta de ar, apesar do oxigênio que recebia pelo aparelho. Natural; nessa fase do processo, é como se tudo se acelerasse, chamando a morte. Medicada com a morfina, sorriu aliviada. Mesmo nessa dificuldade tão intensa assim, aquariana feroz, não aceitava ajuda para nada. Observei-a enquanto cruzava as pernas ao sentar, movimento banal que exigiu esforço desmesurado e a deixou ofegante por 10 minutos.

– V., você está com medo? – perguntei.

Ela baixou os olhos e, corajosa até o fim, confessou:

– Estou apavorada.

(Eu sei o quanto lhe custou admitir seu terror.)

– Do que você tem medo? – continuei.

– De minha família não chegar a tempo de se despedir de mim.

Já tínhamos conversado sobre esse ponto. V. tinha muita clareza sobre o que queria e o que não queria em seus momentos finais. O mais importante para ela era se manter conectada até o final com as pessoas que amava. Como a família vivia longe, nós duas tínhamos feito um pacto: se os parentes não pudessem vir de imediato quando a hora de sua morte se aproximasse, eu a levaria para um hospital e a entubaria, mantendo-a viva até que todos tivessem chegado. Mas eu tinha uma intuição muito forte de que daria tempo e não seria preciso fazer essa internação. Tranquilizei-a:

– Fique sossegada, porque vai dar tempo.

Ela ensaiou uma risadinha.

– Como é que você tem tanta certeza?

– Não me faça perguntas difíceis, eu apenas sei.

Eu não sei como sabia. Apenas sabia. Mas, como apenas saber não basta, liguei para uma cunhada dela que também era médica na cidade gaúcha onde vivia a família. R. era muito amada por ela, e tínhamos ficado muito próximas por conta da doença de V.

– Venham todos, o mais rápido que puderem – pedi.

– Estamos nos organizando para ir na semana que vem.

– Vai ser tarde demais – falei. – Venham hoje, no mais tardar amanhã.

Expliquei a ela que, mesmo recebendo uma quantidade imensa de oxigênio ininterruptamente, V. já não tinha indicadores compatíveis com a vida. Estava viva porque ainda queria viver. Mas em breve nem sua vontade a sustentaria.

Desliguei o telefone e voltei para perto de V. Então tivemos – ela, eu e nossos maridos – a mais surreal das conversas a respeito do que fazer depois. V. pediu para ser cremada e determinou o destino de suas cinzas: queria que se tornassem adubo para uma nova árvore plantada em honra de sua vida, em um bosque cheio de significados. Dispôs de alguns objetos de grande valor sentimental. Quando essas e outras questões importantes pareciam resolvidas, perguntei a ela onde queria estar quando chegasse a hora.

– Na minha casa – pediu. – Na minha cama.

Fez-se um longo silêncio, por fim quebrado por A.:

– Eu nem perguntei... Vocês querem beber alguma coisa? Água, café, cerveja? Um suco?

– Depois dessa conversa, A., só com muito álcool – propus. Rimos todos.

Abrimos uma cerveja e brindamos à vida, à amizade e ao amor.

Na saída, A. me abordou, longe dos ouvidos da mulher:

– Ana, se ela adormecer, não é melhor levá-la para o hospital?

Eu entendo esse medo. Abracei-o.

– Melhor não. Digo isso com amor e honestidade, meu amigo. Dá perfeitamente para a gente conduzir o processo em casa. No hospital, com uma equipe que não a conhece, pode haver uma pressão pelo prolongamento da vida, o que, como sabemos, ela não deseja. O Dr. H. e eu estaremos na cidade e à disposição.

No domingo, toda a família de V. – exceto R., que tinha plantão e viria na segunda – desembarcou em São Paulo: irmãos, cunhados, sobrinhos, afilhados. Passei a manhã sem notícias dela, mas à tarde não resisti e liguei. Ela atendeu o celular com uma voz que era pura alegria.

– Ainda bem que você ligou, porque eu não ia ligar. Estou numa felicidade insuportável aqui! – falou, e eu sabia por quê.

– E a oxigenação, melhorou?

– Continua péssima – respondeu V., com a mesma alegria. – Ana, toda a minha família está aqui, menos a R., que vai chegar amanhã. Você não imagina a felicidade!!

Eu imaginava.

– Aproveita muito aí! Amor em doses gigantes! Se precisar, me liga.

Ela não ligou, e eu sabia por quê.

Na manhã de segunda, depois de cumprir a agenda do consultório, dei uma escapada para vê-la. V. estava agonizando, mas me reconheceu, me abraçou, me agradeceu. Fechou os olhos, e meu coração de repente ficou mais pesado, mas ela logo os reabriu e pediu para ver A.

– Eu te amo – disse a ele.

Todos sabíamos que o fim estava próximo, mas quem entrava no apartamento tinha a sensação de afundar em uma bolha de amor. R. chegou às duas da tarde, a tempo de se despedir. V. deu o último suspiro perto das três, de mãos dadas com o marido e com a mãe, que sussurrava amorosamente nos ouvidos dela:

– Filhinha, você não está sozinha. Eu estou aqui com você, meu amor, vai ficar tudo bem e eu não vou sair daqui.

Passada a comoção inicial, fiz o atestado de óbito e entreguei a A., que estava pálido, tomado por uma consternação calma, resignada. Ele me abraçou e disse:

– Hoje você descansa. O celular não vai tocar.

Nos três meses anteriores, eu dormira todas as noites com o celular ligado ao lado da cama, esperando que tocasse com a última notícia sobre V. Não tinha comentado sobre isso com ninguém. Só meu marido sabia. E A., como eu acabara de descobrir. Como ele soubera?

– Eu sei que você esperou essa ligação, Ana, e serei grato para sempre. Mas pode desligar o celular hoje.

Abracei-o também e chorei todas as lágrimas guardadas.

O Dr. H. ajudou a equipe de enfermagem a preparar o corpo e eu tive a honra de ajudar a vesti-la com um vestido florido que ela adorava. No dia seguinte, minha amiga foi cremada. Toda a família estava presente. Suas cinzas adubaram dois lindos ipês, um amarelo e outro rosa.

V. pertencia a uma família de ateus e ela própria dizia-se ateia. Lembrei-me disso dias depois, quando visitei Dona I. e ouvi dela:

– Sabe, Ana, em nenhum momento eu senti necessidade de pedir ajuda a Deus. Tivemos tudo o que precisamos.

Jamais me senti desamparada para viver o que vivo, porque tenho o amor da minha família. Mas eu não aceito que minha filha tenha morrido antes de mim, isso nunca vou aceitar. Se houvesse mesmo um Deus, Ele não teria permitido isso.

Disse isso sem raiva, sem ressentimentos, com uma tristeza resignada. Na minha experiência como paliativista, às vezes encontro famílias ateias, e sua postura diante da morte sempre me impressiona para o bem. Os ateus nada pedem, não negociam com Deus, não acham que são melhores do que ninguém, não gritam com o Divino, não ficam de mal. Vida que segue.

Para a cerimônia de cremação de V., pedi permissão para ler uma bênção irlandesa que conhecia de longa data. Porém, adaptei-a ao ateísmo da família, trocando as referências religiosas por elementos da natureza. Ficou mais ou menos assim:

Que a bênção da luz seja contigo, a luz exterior e a luz interior. Que a santa luz do sol brilhe sobre ti e aqueça nosso coração até que ele resplandeça como o grande fogo de amor que sentimos por ti, e assim o forasteiro possa vir e nele se aquecer, como também nossos tantos amigos.

Que a luz brilhe dentro dos nossos olhos quando nos lembrarmos do teu sorriso, a luz como candeia colocada na janela da casa, oferecendo ao peregrino um refúgio na tormenta.

E que a bênção da chuva, da chuva suave e boa, seja contigo. Que ela tombe sobre tua lembrança em nós para que as pequenas flores todas possam surgir e derramar a suavidade do perfume na brisa.

Que a bênção das grandes chuvas esteja conosco em tua honra, caindo sobre a nossa alma para lavá-la bem lavada, nela deixando poças reluzentes onde possa brilhar o azul do céu e, às vezes, uma estrela. Uma estrela de saudade da alegria de ter te encontrado nessa vida tão breve.

E que a bênção da terra, da grande terra redonda, esteja contigo. Que por ti tenhamos uma saudação amiga aos que passam por nós ao longo dos caminhos. Que a terra seja macia debaixo de todos nós quando nela repousarmos, cansados, ao fim do dia. E que, leve, ela descanse sobre nós quando, no fim da vida, nos deitarmos debaixo dela. Tão leve ela descanse sobre nós, honrando a lembrança de tudo que você nos ensinou nestes tempos, que a nossa consciência cedo nos liberte de seu peso e viajemos livres e leves como você viaja agora, a caminho da nossa natureza sagrada.

E que a partir de agora, para sempre, o caminho seja brando aos nossos pés e o vento sopre leve na nossa face. Que o calor do sol aqueça os nossos ombros e as chuvas caiam serenas nos nossos campos, V. amada, até que eu de novo te veja, em nossos sonhos e em nossos pensamentos mais lindos, relembrando a vida que partilhamos contigo.

Até que tudo isso seja possível, que nosso Amor te proteja com seu Manto Divino e te guarde na palma da Sua Mão.

Uma conversa com um paciente demenciado que me rende horas meditando sobre o mistério de tanto mistério:

– Olá!

– Olá, olá!

– Como vai o senhor?

– Eu penso...

...

– Pensa no quê?

– Estou em contato... Contato com os cantos redondos... Contato com os cantos redondos...

...

– É difícil conversar?

– Sim... Palavras parentes... Parentes... Palavras parentes perdidas...

Gosto da sonoridade, da força daquela aliteração. Repito:

– As palavras parentes perdidas...

– Isso!

– Entendi, então...

Silêncio, troca de olhares, silêncio.

Ele me dá um sorriso tão lindo que me perco nas poucas palavras. Na verdade, me pergunto: para que as palavras, mesmo?

Na despedida:

– Até logo! Volto para te ver na semana que vem, tá?

– Muito prazer... Espero estar em mim... Estar em mim...

M. E A OFERENDA DO SOFRIMENTO

Na hora de minha morte, eu também não serei traduzível por palavra.

Clarice Lispector

M. não era meu paciente em cuidados paliativos. Vinha sendo acompanhado pelo Dr. H., um médico muito amigo, muito querido. A certa altura, o Dr. H. me chamou para um café. Precisava de um conselho, uma palavra, quem sabe uma luz.

– Ana, está muito difícil – desabafou. – Os pais do M. são evangélicos e a mãe tem uma crença, aprovada e reforçada pelo pastor, de que ele vai ficar curado. Quase todas as noites fazem sessão de exorcismo em casa. O pai não aguenta mais a situação. A família está implodindo.

Ofereci a única ajuda que fez sentido para mim naquela situação:

– Vamos juntos conversar com o M. Ele é muito maduro, não pode ficar excluído de qualquer decisão que precisemos tomar sobre sua condição.

M. tinha 13 anos e um câncer ósseo que tinha migrado para o cérebro. Sua situação era de total dependência dos pais. Nas últimas semanas, alternava estados de consciência e inconsciência, mas havia deixado bem claro, em um de seus momentos de plena compreensão, que não queria mais voltar ao hospital. A família respeitou seu desejo. A medicina tinha esgotado todas as possibilidades e já fazia três meses que o garoto recebia cuidados paliativos em casa.

Mas M. resistia.

Para a mãe, a prolongada sobrevida do garoto era sinal de que ele precisava seguir lutando para continuar vivo. Ela tinha uma confiança cega na cura do filho. Porém M. não estava bem. Tinha convulsões frequentes e momentos de grande agitação, que lançavam a família em desespero.

Em uma visita, o Dr. H. lhe havia perguntado:

– M., o que mais te preocupa?

– Duas coisas – respondeu ele, sem hesitar. – Primeiro, meus pais, especialmente minha mãe. Vai ser muito difícil para eles quando eu for embora. Em segundo lugar, tenho medo de piorar e de me levarem para o hospital. Não quero mais voltar para lá.

O Dr. H. aproximou o rosto do dele.

– Vou fazer tudo o que for possível para você ficar em casa, M. Sei que esse é o seu desejo. Pode contar comigo.

M. apertou a mão do Dr. H.

– Obrigado – disse simplesmente.

– Em relação aos seus pais, vou cuidar deles. Vou estar aqui e também farei o possível para não sofrerem tanto.

– Obrigado.

O Dr. H. inventou uma desculpa qualquer para sair da casa. Precisava chorar, a sós com essa experiência que só grandes médicos podem viver.

Passadas duas semanas, M. mergulhou na inconsciência. O Dr. H. pediu que eu o acompanhasse em visita, para que eu lhe desse minha opinião sobre o caso. Marcamos e fomos.

Era um sobradinho muito simples na periferia de um município da Grande São Paulo, em um terreno acidentado no qual o casario empobrecido parecia se amontoar. O aspecto geral da casa era lúgubre, com pouca luz natural e um cheiro penetrante de remédios e de angústia. A cama hospitalar ocupava o cômodo de baixo, uma espécie de sala que se comunicava com a pequena cozinha. No andar de cima havia outro quarto.

M. parecia adormecido. Os pais estavam devastados. O pai, motorista de ônibus que acordava de madrugada para ir trabalhar, exalava sofrimento e cansaço. A mãe era o retrato da exaustão. Tinha olheiras profundas e uma fala irritada. Durante o dia, contavam com o auxílio de uma enfermeira em *home care*, do convênio da empresa onde o pai de M. trabalhava. À noite, a mãe assumia os cuidados com o menino, que não ficava um único instante sozinho.

Essa mãe sabia que eu era uma médica especializada em cuidados paliativos – cuidados desnecessários, já que M. ficaria curado. Recebeu-me friamente.

Estendi a mão, me apresentei.

– Como a senhora está vendo essa condição do M.? – perguntei, fazendo a pergunta da maneira mais ampla possível.

Eu esperava uma resposta agressiva, e ela não me desapontou:

– Como estou vendo? Ora, estou vendo que os médicos não sabem nada.

E começou a me contar a história de M. Do menino alegre e travesso que ele fora um dia. Dos primeiros sinais de que havia algo errado. Do dia em que souberam que era aquela "doença maldita". Do tratamento longo e doloroso, durante o qual nunca perderam a esperança. Do otimismo do médico que havia garantido: M. está curado, o câncer não voltará. Do dia em que o câncer voltou, mais forte, mais terrível, castigando o cérebro. Da previsão do último oncologista: "Ele vai morrer em poucas semanas."

– E ele não morreu! – A voz dela era desafiadora. – Entende por que eu digo que os médicos não sabem de nada? Só quem sabe é Deus, e eu acredito que meu filho vai ficar curado. Era para ter morrido em duas, no máximo três semanas. Faz três meses, e ele não morre! – Arrematou, triunfante, tristemente triunfante, diante do filho ausente. – Significa que ele quer lutar. Eu não vou desistir dele.

O Dr. H. e eu nada dissemos. Pedimos licença para examinar M. e, diante do que constatamos, discutimos qual seria a melhor medicação para evitar convulsões. A mãe nos observava, desconfiada.

Feita a medicação, eu disse:

– Olha, por toda a experiência que eu tenho, sei que as pessoas só morrem quando têm permissão...

A mãe deu um tapa na mesa de madeira.

– Eu não vou deixar o M. morrer! Não vou desistir!

E subiu para o quarto. Ouvimos a porta bater e ficamos só os quatro na sala: M. e o pai, o Dr. H. e eu.

– Se depender dela, o M. nunca vai morrer – disse o pai, balançando a cabeça, a imagem da dor e da desesperança. – Sabe, doutora, a senhora não entende. Se o M. morrer, vamos ficar marcados. Aqui na comunidade, seremos para sempre a família que perdeu o filho de 13 anos.

Me espantei.

– Acho que você não deveria permitir que marcassem vocês por uma perda como essa – ponderei. – Quem é o M.? O que foi que ele te ensinou nesses 13 anos?

O homem começou a soluçar.

– O M. me ensinou a ser pai. Eu é que levava ele para o hospital, cuidava dele. Ele é que me ensinou como cuidar. – E, enxugando as lágrimas: – É um menino muito amoroso e corajoso. Foi muito valente na briga com essa doença.

– Então! – Me entusiasmei. – Você acha justo falar que perdeu um filho de 13 anos, sendo que, durante 13 anos, você ganhou o convívio com um menino com tantas qualidades? Você acha isso justo com o M.? Que pena que as outras pessoas não puderam ter o M. na vida delas, porque ele foi *seu* filho, e não filho dos seus vizinhos ou dos seus amigos.

O pai me olhava aturdido, mas, em meio à confusão dele, percebi que ia se refazendo lentamente.

– A senhora tem razão, doutora… Mas eu não sei o que fazer. Minha mulher diz que ele vai se curar, o pastor também fala isso, a gente não para de clamar a Jesus por piedade, de dar glória a Jesus porque ele vai ficar bom.

Então tive uma ideia iluminada.

– Você está esquecendo uma coisa muito importante da sua religião – falei. – Qual é a coisa mais valiosa que a sua família poderia oferecer a Jesus?

Silêncio.

– Ofereça o sofrimento do M. a Jesus. Se existe alguém que entende de sofrimento, é Ele. Jesus vai saber o que fazer com o sofrimento do seu menino. Talvez seja esse o caminho.

Ele não tinha tanta certeza.

– E essa história de se despedir, de permitir que ele morra?

– M. conversou com o Dr. H. há algumas semanas – expliquei. – Ele contou que a maior preocupação dele é com vocês. Talvez por isso esteja demorando tanto para partir, apesar de todo o sofrimento.

O pai ainda calado. Fiz uma nova tentativa:

– Você é capaz de acalmar a preocupação do M.?

Nos olhos dele, todo o sofrimento que um pai é capaz de sentir.

– Eu sou capaz. Mas... e a mãe dele?

– Você terá que dizer ao M. para ficar tranquilo porque você vai cuidar da mãe dele. Vai ter que assumir os cuidados com a sua esposa perante o seu filho. Você acredita que pode fazer isso?

Dessa vez o silêncio foi mais longo e pesado. Cheguei a pensar que ele não tivesse entendido. Então:

– Eu consigo. Mas eu nunca fico sozinho com o meu filho, ela nunca deixa. Minha mulher acha que eu estou torcendo para ele morrer. Que eu nunca diria para ele continuar lutando. – Abaixou os olhos. – Eu não estou torcendo coisa nenhuma, só queria que ele não sofresse mais.

– Ele está sofrendo muito e logo vai embora, com ou sem a sua permissão. Não seria melhor se ele morresse em paz, sabendo que vocês ficarão bem?

Ele se levantou, dando a visita médica por encerrada.

– Vou fazer isso.

No dia seguinte, a esposa apresentou sintomas de gripe forte: tosse, nariz entupido, febre alta e dor no corpo.

O marido avisou que faltaria ao trabalho para cuidar do filho.

Naquele dia, M. estava bem. Sinais vitais estáveis, ausência da progressão de sinais de morte iminente. Pressão normal, respiração tranquila.

O pai teve a conversa com o menino.

Passaram-se menos de 24 horas.

Caiu a saturação do oxigênio no sangue de M.

A pressão baixou aos poucos mas continuamente.

Deitado na cama hospitalar, o garoto morreu tranquilo, de mãos dadas com os pais.

O Dr. H. estava de plantão quando M. faleceu e não poderia comparecer para fazer o atestado. Me pediu ajuda. Eu podia ir.

O sobradinho estava lotado. Gente de toda a comunidade, uma comoção sem tamanho. Entrei na sala que fora o quarto de M. nos últimos meses. Encontrei o pai calado e aprumado em sua roupa de domingo, camisa de colarinho branco abotoada até o pescoço. A mãe, arrumada, composta, com uma expressão tranquila e pacificada.

– Doutora! – Ela me abraçou longamente. – Nós entregamos o sofrimento do M. para Jesus e ele levou embora o sofrimento. Deixou para a gente só paz. Muito obrigada!

O Dr. H. foi ao velório. Os pais o receberam comovidos.

– O senhor veio só por nós, doutor? Só para ver a gente?
– Só para ver vocês, não precisava de outro motivo – respondeu ele.

Muitos colegas relutam em lançar mão de argumentos religiosos em casos como o de M. Acreditam que não é seu papel, e eu os respeito. Nas minhas aulas, porém, eu defendo que todo médico compreenda, dentro de cada religião, qual é o significado da doença, do sofrimento e da morte. Não sigo nenhuma religião, mas busco o conhecimento dentro da religião de cada paciente de que cuido. Para os evangélicos, uma das orações mais potentes dessa crença é oferecer o sofrimento a Jesus.

É preciso abrir a porta do sagrado. Não do que é sagrado para nós, e sim para o outro.

Alice tem 7 anos. Seu pai morrerá de câncer em breve. Talvez muito em breve. Ela chega ao Hospice para visitá-lo no dia em que ele completa 53 anos. Já vem abraçando e cochichando no ouvido de todas nós pedindo ajuda para organizar a festa e encher as bexigas. A certa altura, confidencia:

– Eu queria que o meu pai saísse daqui, mas sei que ele pode morrer. – E mira os nossos rostos atônitos.

Olhamos uns para os outros, perplexos. A jovem médica residente parece apavorada, sem saber o que falar para a menina.

– Não recebemos esse script – gagueja outro médico.

O que a gente diz para uma menina de 7 anos que sabe que o pai pode morrer em breve? Mas Alice, com toda a compaixão do mundo diante dos nossos olhos assustados, explica o incompreensível:

– Não se preocupem, ele vai ficar bem lá no céu, viu?

P.H., A. E A CONEXÃO PERENE DO AMOR

Eu falo: deixe deixe meu amor,
tudo vai acabar.
Numa boa: a gente vai desaparecendo
igual quando
Carlitos vai desaparecendo
no fim de uma estrada...
Deixe, deixe, meu amor.

Manoel de Barros

P.H. chegou ao Hospice um pouco confuso, mas toda desorientação desapareceu por alguns minutos quando perguntei a ele se era casado. Um sorriso leve, com alguma alegria e muita preocupação, se desenhou em seu rosto.

– Sim, doutora, sou casado há 61 anos.

Eu via na ficha que ele tinha 81, portanto se casara aos 20, calculei.

– E tem alguma coisa preocupando o senhor?

– Tem. Minha esposa.

A esposa, A., três anos mais nova do que o marido, apresentava um quadro de demência por doença de Alzheimer fazia oito anos. O casal tinha duas filhas e quatro netos adolescentes, mas P.H. era o principal cuidador da mulher. E vinha sendo um cuidador extraordinário, atento e compassivo, até que ele próprio adoeceu.

Começou com um quadro de emagrecimento rápido, acompanhado de dor nas costas e, por fim, uma tonalidade amarelada cobrindo-lhe a pele fina. No pronto-socorro particular onde primeiro o atenderam, depois de uma batelada de exames pouco conclusivos, decidiu-se que era o caso de consultar um gastroenterologista. Mas a tal consulta com o especialista nunca era marcada, prolongando o sofrimento de P.H. e a angústia da família.

Um dia, penalizadas com a dor do pai, as filhas resolveram levá-lo ao Hospital das Clínicas da Faculdade de Medicina da USP, onde P.H. foi internado e submetido a novos exames. A imagem resultante da tomografia mostrava um câncer de pâncreas, muito agressivo e invasivo. Pela idade do paciente, por suas condições clínicas e pela brutalidade da doença, os médicos contraindicaram a quimioterapia. Avaliado pela equipe de cuidados paliativos do hospital, P.H. foi encaminhado para o Hospice. Parecia menos preocupado com a própria doença do que com o destino da esposa, que fora levada para a casa de uma das filhas.

– A. é muito tranquila de ser cuidada – me explicou ele, lúcido e calmo, como se precisasse transmitir uma mensagem muito importante antes de mergulhar novamente na desorientação característica da doença. – Mas é muito dependente de mim. Como vai ser a vida dela agora que estou aqui?

Tentei tranquilizá-lo dizendo que a esposa estava bem na casa da filha e que agora cuidaríamos dele para que também se sentisse melhor. Submetido a cuidados paliativos exclusivos, ele evoluiu bem; em poucos dias, superou a confusão mental e viu-se livre da dor. Começou a interagir com a equipe do hospital, passou a se alimentar melhor e a frequentar as sessões de fisioterapia. Milagres do Hospice. Porém sabíamos que a doença era inclemente e de avanço rápido. Aquele bem-estar não duraria, mas tínhamos recursos para atenuar os sintomas e ajudá-lo no final da vida.

Enquanto isso, sob o cuidado das filhas, A. revelou-se uma paciente agitada. Mesmo com as memórias enevoadas pelo Alzheimer, sentia falta do companheiro de vida inteira.

As filhas foram falar conosco: sabiam que havia uma casa de repouso anexa ao Hospice. Será que poderiam internar a mãe ali, pagando as despesas todas, de maneira a permitir que ficasse perto de P.H.?

Era possível, e assim foi feito.

P.H. não cabia em si de felicidade quando lhe dissemos que a esposa estaria a poucos passos de distância dele. Nos primeiros dias, o casal passeava pelos jardins e participava das atividades do Hospice como namorados, de braços dados e sorrindo um para o outro. Ouviam música e conversavam em voz baixa. Dava gosto ver os dois. Residentes os vigiavam de olhos brilhantes; estagiários disputavam a rotina de cuidados do casal. Era lindo e inspirador vê-los juntos.

Até o fim de tarde em que, após a partida de A. para a casa de repouso, P.H. entrou em agonia. Nessa etapa, que chamamos de dissolução do ar, a pessoa respira mal: às vezes rápido demais, outras vezes devagar demais, entremeando pausas e respirações profundas. Era previsto, mas é sempre uma experiência de intensidade absoluta para um médico.

Quem veio me avisar foi uma jovem médica, residente que cursava a especialização em Cuidados Paliativos. Era seu segundo dia no Hospice. Ela entrou desesperada na minha sala, relatou o que estava acontecendo e confidenciou:

– Tenho muita dificuldade em não chorar, doutora. Eu me emociono muito.

– Não se preocupe – procurei reconfortá-la. – Não tem problema se você se emocionar. A gente vai conduzir seu processo de adaptação da melhor maneira possível.

Fomos juntas até o quarto de P.H. Monitorei o quadro e

mediquei-o para que respirasse melhor. Fiquei ao lado dele até que a respiração se normalizasse.

Mensagem na caixa postal do celular. É uma enfermeira da casa de repouso: *Doutora, Dona A. está impossível aqui. Ela quer subir para ver o Sr. P.H., quer ir de qualquer jeito.* Respondi: *Pode trazer a Dona A. É a despedida.*

E tentei me preparar para o imponderável. Paciente demenciada vem se despedir do marido agonizante. Tudo podia acontecer. A jovem estagiária, ao meu lado, estava pálida.

– Vamos presenciar isso juntas – falei, apertando-lhe a mão.

Uma vez que alcançou seu objetivo de ver o marido, Dona A. mostrou-se extremamente calma. Entrou no quarto senhora de seus movimentos e decisões e pegou a mão do marido entre as suas. Nos olhos dela, apenas verdade e ternura.

– Ah, meu amor, está tudo bem, tudo bem – falava baixinho, acariciando o rosto cansado e agônico dele. – Pode ir tranquilo, meu amor, que tudo vai ficar bem aqui. Mas, quando chegar lá, avisa que precisa voltar logo para me buscar, porque estou pronta para ir.

Ao meu lado, a estagiária começou a chorar. Eu também. Tinha colocado uma caixa de lenços de papel ao lado da cama pensando em A., mas quem fez uso dela fui eu. Nos livros de medicina, pessoas demenciadas são descritas como incapazes de compreender o que acontece ao seu redor; no entanto, ali, diante de nossos olhos, A. claramente dizia adeus a P.H. Mais: quando percebeu que eu estava chorando, soltou a mão do marido e me abraçou, muito emocionada.

– Doutora, não fica assim. Você fez tanto por ele! – E, depois de observar o efeito de suas palavras sobre mim (praticamente nulo, pois eu continuava a chorar): – Olha como ele está sereno, está tudo bem, não precisa ficar assim.

Então A. também chorou um pouquinho e o beijou na testa. Eu, que esperava uma reação de profunda agitação, fui surpreendida com uma despedida lúcida e reconfortante para o paciente. De alguma maneira, ela sabia que ele estava morrendo. Seus neurônios, desconectados havia tantos anos, comunicaram-se em meio aos mistérios do cérebro somente para aquele adeus.

As filhas, chamadas às pressas pela equipe, chegaram a tempo de vê-lo dar o último suspiro.

Recentemente tive notícias de A. por uma das filhas, que se mudou de São Paulo e a levou consigo. Fisicamente, está bem, mas piorou muito do ponto de vista cognitivo. Nunca mais perguntou pelo marido.

Quando penso nessa história, sou tomada por um sentimento de profunda gratidão. A. me ensinou que o amor não fica no córtex cerebral; mora em outra região e desfruta de uma conexão perene, ainda que inexplicável. Afetos não são esquecidos, mesmo em um quadro de demência. Essa não é uma conclusão médica nem filosófica: é uma conclusão empírica. A meu favor, invoco Fernando Aguzzoli, um jovem estudante de Porto Alegre que abandonou a faculdade para cuidar da avó com Alzheimer. Eu seu livro *Quem, eu?*, Fernando resgata diálogos – ora hilariantes, ora enternecedores – que teve com a avó em seus últimos tempos de vida. Eles são a prova de que uma pessoa cuidada com amor corresponde a esse sentimento. Reproduzo um deles:

Uma vez vovó estava no quarto tricotando. Ela me olhava por cima dos óculos. Depois de tanto me olhar com as sobrancelhas arqueadas, perguntei o que estava acontecendo. Ela disse que estava pensando.
– Pensando em quê? – retruquei.
– Eu tenho netos? – disse ela com muita ingenuidade.
Eu fiquei doido! Chorei muito e gritei indignado que eu era seu neto. Ela então sentou ao meu lado e passou a mão na minha cabeça dizendo que havia esquecido que tinha netos, mas não que me amava.
A partir daí ela esqueceu de mim muitas vezes. Algumas ela me perguntava: quando o Fernando vai chegar? E quando eu respondia que era eu, ela dizia que não, que ela queria o neto dela, Fernando, que era criança.
Mas o que mais me impressionava era quando ela olhava pra mim rindo e dizia: que coisa engraçada, eu tenho absoluta certeza que te amo MUITO, mas não consigo lembrar quem é você.
O Alzheimer levou muitas coisas, mas nunca aquele amor inexplicável que existia em algum lugar de Vovó Nilva.

*Passando a última visita do dia, paciente
grave, falando com dificuldade sob a
máscara de oxigênio:*

— Você mora longe daqui, doutora?
— Não é longe, não. Por quê?
*— Então eu queria te pedir uma coisa. Você
me liga aqui no quarto quando chegar na sua
casa? Assim eu posso dormir mais tranquilo.*
Liguei.
Às vezes me pergunto: quem cuida de quem?

*A intenção é dar alta para o paciente com demência
leve. Vai ser bom para ele. Mas quem ganha o
presente, uma pérola olho no olho, sou eu:*

*— Doutora, se você precisar de alguma
coisa ou tiver qualquer dúvida, pode ligar que
estamos à disposição, viu?*
:)

No consultório:

– *Vamos, então, fazer um teste para ver como está a sua memória?*

– *Acha isso mesmo necessário, doutora?*

– *Sim. Vamos começar: onde nós estamos?*

Paciente ultradesconfiada, olha para a filha e pergunta, em tom de desafio:

– *Viu só? Se nem a médica sabe onde está, o que vai ser de mim agora?*

I. E A GENEROSIDADE DE QUEM CUIDA DE QUEM CUIDA, ATÉ O ÚLTIMO INSTANTE

É difícil morrer com vida, é difícil entender a vida, não amar a vida, impossível. Infinita vida que para continuar desaparece.

Adélia Prado

I., 45 anos, era uma pessoa da vida. Alegre, brincalhona, amiga dos amigos. Era solteira e não tinha filhos, mas brilhava nos papéis de tia, madrinha e tantos mais. Um melanoma ameaçava continuamente as suas possibilidades de realizar novos sonhos nesta vida que ainda poderia ser boa, apesar de breve.

Tratou-se em um hospital de primeira linha, com os médicos mais renomados. Tentou todas as linhas possíveis de terapia. O câncer não cedeu. Então marcou consulta comigo. Soube de mim por indicação de um amigo que tivera um familiar sob os meus cuidados.

– Por que me procurou? O que te trouxe até aqui? – perguntei no nosso primeiro encontro.

Sempre que posso, começo assim minhas conversas. Preciso entender e dosar as expectativas.

I. foi igualmente direta:

– Cansei de ser "paciente de encaixe". Quero estar na sua agenda.

Fiquei confusa por alguns segundos. Então entendi: o oncologista de I. havia desistido dela. Muito gentil, colocava-se sempre disponível caso ela precisasse de algo. "Eu te encaixo", dizia ele. Já fazia mais de um ano que I. era paciente de encaixe. Ela queria mais. Não queria se sentir um estorvo. Queria horário marcado. Estar na programação do médico, mesmo que não houvesse mais quimioterapia possível. Mesmo que não tivesse mais jeito.

– Quero que você me espere chegar, que saiba o que fazer comigo, e acho que vai saber.

Acredito que eu soube. Ou, ao menos, soube fazer o melhor que eu sabia fazer.

I. entrou em processo ativo de morte no mesmo período em que meu pai estava morrendo. Estavam internados em hospitais diferentes, mas era como se habitassem o mesmo quarto dentro de mim. Eu passava no hospital para ver I. e à noite ficava até de madrugada com meu pai, que, na ocasião, estava na UTI. Houve um dia em que ela, delicadamente, me interpelou:

– Ana, vejo que você está com os olhos tristes. O que é que você tem?

Não vi motivo para não falar.

– Ah, I., a doença bate na porta de todo mundo, e bateu na minha. Meu pai está doente, na UTI, e é muito grave.

I. segurou a minha mão.

– Ana, eu realmente desejo, do fundo do meu coração, que ele fique bem.

Eu me emocionei. Naquela tarde, tivemos uma conversa longa e pessoal, da qual eu também saí reconfortada. No dia seguinte, encontrei a irmã de I. no corredor do hospital.

– Doutora, quero agradecer pela conversa de ontem com

a I. Rendeu muita paz a ela. Minha irmã disse que tem a melhor médica do mundo.

Melhor médica do mundo? Por quê?

– Ela me disse que você chora.

Sorrir diante dessa resposta foi uma nova experiência do significado das lágrimas.

Eu é que tinha que agradecer, pensei. I. estava em uma fase de muito sofrimento, abatida pelos sintomas da doença, mas conseguira desviar o olhar da própria dor para me confortar na minha.

Meu pai faleceu pouco depois. I. piorou. Ficou três dias quase inconsciente pela evolução de sua doença, que comprometia o fígado. Passei visita sem esperanças de ouvir sua voz, mas eis que ela abre os olhos e segura minha mão.

– Ana, e seu pai?

– Ele está bem. Muito bem.

Consegui sorrir. Sabia que ele estava bem. Não era uma mentira.

– Então eu posso descansar – disse ela. – Estava preocupada.

I. acordou do caminho da morte para perguntar sobre meu pai. Morreu naquela noite, despreocupada de mim.

Penso muito na lição que I. me ensinou. Mais: hoje, acredito que não basta estar disponível; é preciso também estar *disposto*. Envolver-se com a história do paciente, colocar sua energia nela. Muito mais do que simplesmente marcar um horário na agenda, a gente precisa ter tempo interno, com espaço para conter a conversa de cada dia, mesmo que seja um silêncio entre olhares que se reconhecem na humanidade compartilhada. Inesquecível o olhar, o sorriso, a força desse contato que ainda hoje me inspira a seguir a vida, mesmo que a dor de cada dia supere as expectativas do que acreditamos ser capazes de suportar.

A cada ano de aniversário da morte do meu pai, I. vem me dar um abraço e me sussurra nas lembranças: "Estamos bem, não se preocupe mais."

Sempre me perguntam a respeito do luto do médico. Se a gente sente, se dói. Outros, geralmente médicos mais jovens ou estudantes de Medicina, perguntam se a gente pode deixar doer.

Enquanto trabalhava na finalização deste livro, faleceu uma paciente. Nenhum paciente meu é apenas "mais um", mas entre mim e essa jovem mulher havia algo especial. Eu a acompanhava havia cinco anos, ela sempre internada, situação que chamamos de "paciente moradora crônica de hospital". Todos os dias de todas as semanas de todos os meses de tantos anos, estávamos ligadas. Tive poucos momentos de férias, de congressos, de cansaço em que não a vi... Como uma pequena família, que se completava com a equipe de enfermagem e as cuidadoras (as mais maravilhosas que já tive a chance de conhecer nesta vida), tínhamos a cumplicidade e a sabedoria que só as conexões de alma têm.

Então ela se foi.

Descansou, como dizem. Foi ao encontro da Luz. Recebeu a graça de reencontrar pessoas amadas que já haviam partido. Mas digo que aqui dentro doeu. Doeu uma dor profunda, intensa, física. Durante dias estive aérea, desconexa. Tive febre. E precisava atender os pacientes do consultório, que, afinal, também necessitavam de cuidados e esperavam a consulta com ansiedade. Houve dias em que cheguei atrasada, mais de uma hora, mas ninguém fez cara feia ou reclamou. Depois fiquei sabendo que minha secretária tinha explicado o motivo do atraso e entendi por que vi tanto amor nos olhos dos que foram atendidos. Comovida, aceitei a emoção do cuidado delicado que recebi dos pacientes e a dor de saber que não havia mais nada a fazer. O tempo de cuidar dela se esgotara.

Nada disso, porém, me impedia de perguntar a mim mesma como seriam meus dias sem alguém que sempre me fizera encontrar sentido nas minhas escolhas e no meu destino, como seria viver com a certeza de que nunca mais teria o espelho dos olhos dela me mostrando que sou amada. Doeu a certeza de que nunca mais ouviria meu nome dito por ela.

Essa paciente havia perdido a capacidade de se comunicar verbalmente. A única palavra que ela reaprendeu a falar naqueles anos todos foi "Ana".

Para um médico que honra a própria vida, dói muito a morte de um paciente. Dói a morte de um ser humano, dói a morte de uma igual, dói a morte de parte de mim mesma.

Aí a mãe do paciente pergunta, entre lágrimas, se é verdade o que ela está sentindo: se é mesmo a hora em que seu filho morrerá. Eu a conduzo até o lado dele e aceno que sim, observando a respiração lenta e profunda, com períodos de apneia, o véu da morte recobrindo seu peito. Ele está se preparando para o embarque próximo. Então ela o beija, faz uma oração linda e o entrega aos cuidados de outra mãe, Nossa Senhora. Ele agoniza com o rosto muito sereno.

Olho o caderno ao lado da cama e leio o que o rapaz escreveu ao enfermeiro que o ajudava ontem à noite: "Quero meu irmão, onde ele está? Eu não quero ficar aqui sozinho." Não sei se a providência foi tomada e peço para ligarem para esse irmão.

Ele vem. Ele chora. Ele me pergunta, assustado:

– E agora? Ele queria me ver e eu não vim a tempo. O que eu faço agora?

Conheço essa dor. Já a vi antes, muitas vezes. E conheço também os mistérios da morte. Então digo a ele que fale com o irmão, que ele ainda pode ouvi-lo. E é assim, no meio da declaração de amor mais linda entre dois irmãos que eu já presenciei, que o paciente desperta, olha para o irmão com um sorriso que dá duas voltas no rosto e, ainda em respiração agônica, diz:

– Você veio... Eu precisava dizer que amo você.

A mãe tudo observa, atônita.

– O que aconteceu aqui, doutora?

– Um milagre, querida. Um doce e agora eterno milagre, inesquecível.

PAI E MÃE

*Não quero contar histórias,
porque história é excremento do tempo.
Queria dizer-lhes é que somos eternos...*

Adélia Prado

Ele se chamava Jacyr.

Em uma noite chuvosa de sexta-feira, teve uma dor abdominal que não passava com nada. Minha mãe me ligou e explicou o cenário.

– Chama uma ambulância, mãe.

– Será que precisa, filha?

– Precisa, mãe. Chama.

Estávamos no comecinho de abril de 2010. Quase um ano antes, eu já tinha avisado ao meu pai que seria necessário operar a vesícula. Ele tinha pedra e sentia muita dor. Mas antes teria que perder peso, cuidar da pressão, equilibrar o diabetes – tudo para tornar a cirurgia mais segura e melhorar as chances de sucesso. Eu estava otimista. Ele também. A operação fora marcada para dali a duas semanas. Naquela noite em que recebi o telefonema, eu estava longe da casa deles, fazendo uma visita domiciliar. Fiquei apreensiva, pensando na antecipação da cirurgia.

Eu ainda não sabia, mas a vesícula era o menor dos problemas.

No hospital, tudo aconteceu muito rápido. Além da dor,

meu pai tinha febre. O diagnóstico inicial era colangite, uma inflamação das vias biliares. A pele tinha se tingido de um amarelo preocupante. Levaram-no para a UTI.

Em momentos de grande estresse, fico estranhamente calma. Não é paralisia – apenas uma necessidade de calcular com precisão os próximos passos. Liguei para o hospital – o paciente era meu pai, afinal – e consegui falar com o plantonista da UTI. Me apresentei como médica dele, sem revelar que era meu pai, e pedi a descrição minuciosa do quadro.

– Ele está estável – informou o plantonista. – Os exames sugerem uma pancreatite biliar. Já entramos com os antibióticos.

Viajei no tempo. Eu estava na faculdade de Medicina, em uma aula de gastroenterologia com o professor Gama. A voz dele ecoava por toda a sala: "Hoje vocês terão uma aula sobre a doença mais grave na medicina: pancreatite biliar. O bloqueio causado pela pequenina pedra que se desloca da vesícula e é levada aos canais de drenagem do suco digestivo produzido no pâncreas faz com que comece a digestão do próprio órgão, levando a um quadro de extrema gravidade."

Voltei ao tempo em que deveria estar, abril de 2010, São Paulo. Meu pai talvez tivesse a doença mais grave da medicina.

Fui vê-lo no dia seguinte, no horário de visitas, sem recorrer às minhas credenciais de doutora; ali, eu era a filha. Entrei na UTI com minha mãe. A médica responsável era uma mulher alta e espalhafatosa, de ossos grandes e cabelo tingido de uma cor improvável, uma figura que lembrava remotamente Rita Cadillac, a lendária dançarina do programa do Chacrinha. Falava animadamente com um enfermeiro.

– Bom dia – cumprimentei.

– Familiar de quem? – retrucou ela.

– Sou a filha do Sr. Jacyr.

– Ah, que bom que você chegou. Ele está dando muito trabalho, está "causando" aqui. Você precisa falar com ele. Já está sabendo o que ele tem? É pancreatite biliar, um negócio muito grave. Não está colaborando, deu muito trabalho essa noite.

– Por que deu trabalho? O que aconteceu?

– Por causa da dor. Pancreatite dói mesmo, mas o remédio mais eficaz vicia, então é melhor não dar. Só que ele não para de pedir, já deve estar viciado nesse medicamento. Você precisa explicar para ele que essa doença é assim mesmo, causa dor e tem que aguentar.

O tempo parou outra vez. Eu perguntava a alguém que pudesse ser Deus: "Que p... é essa que está acontecendo aqui?" Tinha acabado de implantar em um grande hospital paulistano um projeto majestoso de assistência à dor. Sou a profissional mais comprometida que conheço em evitar que as pessoas sintam dor. Então meu pai é internado e essa criatura só sabe dizer que ele tem que aguentar?

Perdi a calma. Mas não a capacidade de me expressar com clareza.

– Só falta agora você me dizer que deu meperidina pro meu pai.

– Dei, sim, por quê? – O tom dela era insolente.

– A meperidina é um medicamento analgésico que está

proscrito da caneta de bons médicos há mais de 20 anos – expliquei, sem precisar levantar a voz, mas a cada instante chamando mais atenção de todos no posto de enfermagem. – Imagino que essa informação não tenha chegado até você, então vou te explicar: você está empenhada em tratar a pancreatite. Quero que tenha esse mesmo empenho em aliviar o sofrimento dele. Então prescreva 2 miligramas de morfina a cada 15 minutos até esse homem dizer que a dor passou. Agora, faça a conta e administre essa dose de quatro em quatro horas. Fui clara ou quer que eu prescreva?

A mulher cresceu diante de mim.

– Quem você pensa que é?

– Eu sou médica, e você é o quê?

Rita Cadillac saiu pisando duro, mas atendeu ao meu pedido. Um enfermeiro trouxe a morfina e fez a medicação. Meu pai, que ouvira a conversa, sentiu-se compelido a explicar:

– Essa aqui é a minha filha, uma médica excelente. Ela não deixa os pacientes dela sofrerem. Ela é tão boa que os pacientes viram amigos dela.

Foi a primeira vez que meu pai me elogiou na minha frente. Em 42 anos de vida.

Com a morfina, a dor diminuiu, mas meu pai continuou na UTI. Perguntei a ele se queria me dizer alguma coisa.

– É grave, o que eu tenho?

– É muito grave, pai.

Longo silêncio.

– Quero ser cremado.

À noite, ele foi amarrado. Informada pelo plantonista, perguntei ao meu pai o que tinha acontecido para tomarem aquela medida extrema. Ele explicou que tinha pedido para mudar de posição e a resposta tinha sido prendê-lo à cama. Deram-lhe um remédio, mas não atenderam seu pedido.

– Seu pai está confuso – justificou o enfermeiro.

Acreditei no meu pai. Estava lúcido e falava com coerência.

Comecei a articular para tirá-lo dali. Pedi ajuda de um colega para transferi-lo para o Incor, um centro de excelência e que não teria custo, pois seria pelo SUS. O convênio da minha família não cobria a gravidade do que meu pai tinha. Mas no Incor não havia vagas. Teríamos que esperar.

Naquela época, eu havia sido contratada pela Sociedade Beneficente Alemã, a SBA, para implantar o setor de Cuidados Paliativos na casa de repouso e internação que a entidade mantinha no bairro paulistano do Butantã. Depois de dois meses de trabalho, o presidente da Sociedade pediu uma reunião comigo. Fez um convite para eu assumir a gerência médica do lugar.

Suspirei e agradeci. Assegurei que o convite era lisonjeiro, mas que naquele momento eu não tinha condições de aceitar o desafio. Contei sobre meu pai.

– Seu pai vai para o Oswaldo Cruz – decretou ele, referindo-se ao hospital excelente fundado por imigrantes alemães em São Paulo.

Protestei, explicando que o convênio não dava direito àquela instituição. Que o quadro era grave, que ele estava entubado e fazendo diálise. Mas o presidente estava decidido. Fomos admitidos por meio da beneficência do hospital. Em duas horas meu pai estava na UTI do Oswaldo Cruz.

Foram mais de três semanas de internação, com melhoras e pioras. Em um mesmo dia, eu recebia ligações de três colegas que trabalhavam no hospital e ainda falava com o médico da UTI. Eram quatro versões diferentes sobre o estado de meu pai.

– Ana, seu pai melhorou muito hoje, o potássio está normal, o cálcio também, o rim estabilizou.

– Ana, seu pai não está bem, nenhuma melhora, o rim estabilizou, cálcio e potássio melhoraram, realmente, mas porque fizemos reposição, ele não sustenta essa condição sozinho.

– Ana, o pulmão piorou muito. Os rins não me preocupam, nem o potássio e o cálcio, mas o pulmão tem problemas graves.

– Ana, ele está agitado e confuso.

Quatro versões no mesmo dia. Em quem acreditar? Todos tinham razão, mas a qual daquelas verdades eu deveria me apegar?

Com os cuidados necessários, meu pai melhorou a ponto de tirar o tubo. Cautelosos, não comemoramos. Nem tivemos tempo: ele logo sofreu uma recaída grave. O colega me ligou:

– Ana, entuba ou não entuba?

Fiquei uma madrugada inteira refletindo. Uma pergunta simples, apenas duas alternativas. Mas que eu não tinha como escolher. A esfinge, na noite mais longa da sua vida, repetia a mesma pergunta dentro e fora de mim:

Entuba ou não entuba?

Entuba ou não entuba?

Foi quando prometi a mim mesma que jamais faria essa

pergunta ao familiar de um doente. É uma pergunta sem resposta, mesmo para um familiar que seja médico. Eu não tinha condições de decidir; mesmo com o conhecimento que tinha, não seria capaz. Não era meu paciente, era meu pai.

– O que você recomenda? – perguntei ao médico.

– Eu não entubaria o seu pai, porque, se fizermos isso, ele não vai mais sair do tubo. Se eu fosse você, daria conforto a ele.

No Dia das Mães, 9 de maio de 2010, fui visitá-lo. Encontrei-o extenuado.

– Filha, me tira daqui – pediu.

– Pai, você está muito cansado – tentei argumentar.

– Sim, muito cansado.

– Se eu tirar você daqui, você sabe o que vai acontecer?

– Sei, filha. Meu tempo acabou. Eu não quero ficar aqui. Me tira daqui. Eu não gosto desse lugar. – E arrematou: – Por favor.

No dia seguinte, meu pai foi transferido para a casa de repouso da Sociedade Alemã – a mesma cujos funcionários eu havia treinado para que recebessem pacientes em cuidados paliativos. E meu pai foi o primeiro. Morreu dois dias depois, profundamente sedado. Minha mãe estava ao lado dele. Eu pude segurar sua mão e dizer tudo o que poderia ser dito, algumas horas antes de ele partir. Devoto de Nossa Senhora de Fátima, foi cremado em 13 de maio, o dia dedicado à santa.

Nossa convivência sempre foi marcada por tensões. Ele alternava momentos de agressividade – era alcoólatra – com outros de grande delicadeza. Podia ser amoroso e possessivo, mas também duro e egoísta. Minha adolescência foi marcada pelos rituais de pedir a ele autorização para tudo. Muitas vezes me deixava ir a uma festa ou sair com amigos, mas, diante da minha alegria, revogava a permissão. Com o tempo, percebi que precisava modular minha expressão de felicidade para não ser podada.

Aos 12 anos, descobri que minha data de nascimento não era a minha data de nascimento. Nasci em um 12 de agosto, mas ele me registrou uma semana depois, no dia 19, para coincidir com o seu aniversário. Mesmo depois que eu soube, meu pai continuou me cumprimentando no dia errado, rotina que perdurou até meu aniversário de 42 anos, no ano anterior. Naquele ano, pela primeira vez, ele me deu parabéns no dia certo. Estranhei.

– Pai, está uma semana adiantado.

Ele riu. Não passou recibo.

Foi o meu último aniversário com ele. Nem eu nem ele tínhamos consciência disso, mas, de alguma forma, ele soube que precisaria dizer que eu era importante para ele, do jeito que eu considerava ser importante receber essa declaração de amor.

Nunca é tarde para se envolver com a própria história.

A última impressão é a que fica.

No final, todas as feridas do nosso relacionamento tinham cicatrizado. Para mim, ele tinha se tornado outra pessoa. Eu me lembro do "Eu te amo" dito na UTI. Eu me lembro das alucinações que ele tinha. Eram lindas, e os protagonistas eram sempre bichos.

– Hoje eu fiz um negócio muito bom, filha. Comprei um papagaio pra mim e um macaco pra você.

Eu me espantei:

– Um macaco, pai? O que você fez?

E ele:

– Filha, não fica brava, o macaco é superbonzinho. Eu vejo você. Você precisa se divertir. Vai ser bom ter o macaco, ele é muito engraçado.

– E o papagaio?

– O papagaio é pra mim. Vou ensinar ele a dizer que eu já volto, quando eu tiver saído.

Nunca tivemos papagaio. Muito menos macaco.

Quando meu pai ainda estava no primeiro hospital, um amigo próximo, Hans, presente e sensível, preocupado comigo, me chamou para um café. Comecei a desabafar. Falei da médica prepotente, dos enfermeiros que o aprisionavam à cama. Despejei meu inconformismo e minha raiva. O amigo me ouviu, plácido. Quando terminei, disse apenas:

– Você sabe para que está servindo tudo isso? Para que você tenha noção da realidade. Isso que acontece com você se repete com 99% das pessoas. Por que você achou que seria diferente? Por que não com você? Os lugares onde você trabalha são oásis. Você é um oásis. É bom que você experimente isso para entender por que está fazendo o seu trabalho.

Hoje entendo que os profissionais que fazem cuidados paliativos têm certa vaidade que nubla a realidade. Faço meu trabalho muitas vezes em um mundo ideal, não possível para a grande maioria das pessoas. A morte pode ser bela, e a kalotanásia talvez venha a fazer parte da sua vida. Porém, até que a morte chegue, é possível que boa parte do tempo seja preenchida com muito sofrimento. Pela sua história, pela história que você construiu com as pessoas à sua volta, pela incapacidade do seu médico ou dos profissionais de saúde que estiverem por perto nesses momentos para aliviar o sofrimento que certamente será vivido. Então, meu grande propósito e o de todos os profissionais de saúde que desejarem oferecer o seu melhor, em conhecimento e humanidade, deve ser obter o que de melhor e possível estiver ao alcance dos cuidados com as pessoas que morrem.

Aprender com os pacientes e seus familiares pode ganhar novo significado quando o paciente é alguém da sua família e você se torna alguém que ensina também por isso.

Fazer cuidados paliativos nunca fez tanto sentido quanto no tempo em que eu e meus pais recebemos o tesouro contido nesse olhar tão diferenciado dos cuidados para com a vida humana.

*Minha mãe achava estudo a coisa mais
fina do mundo.
Não é. A coisa mais fina do mundo é o
sentimento.
Aquele dia de noite, o pai fazendo serão,
ela falou comigo:
– Coitado, até essa hora no serviço pesado.
Arrumou pão e café, deixou tacho no fogo
com água quente.
Não me falou em amor. Essa palavra
de luxo.*

Adélia Prado

Ela se chamava Cecília.

Criou as três filhas. Acompanhou uma delas – minha irmã do meio – até a morte. Cuidou dos meus filhos na fase mais louca e intensa de trabalho da minha vida. Acompanhou meu pai até a morte. Estava cuidando do filho da minha irmã caçula, Ana Cecília, quando desconfiamos que talvez ela não pudesse mais cuidar.

Os sinais se fizeram presentes aos poucos, mas com crescente nitidez.

Primeiro, ela teve algumas quedas. Poderia ter sido um tropeção no tapete embolado. O esquecimento de que havia um degrau no corredor. O carrinho que o neto esquecera na sala. Poderia ter sido tudo isso, e achamos que fosse. Mas sou geriatra. Fiquei atenta.

Então ela começou a ter momentos de dispersão. Estava, mas não estava. Ouvia, mas não reagia. Fiquei ainda mais atenta. Parecia um quadro neurológico, porém com oscilações. Um dia ela fazia a lista de supermercado perfeita. No outro, esquecia o que precisava fazer na cozinha.

Marcamos um geriatra. Não eu; outro. Eu não queria. Não me sentia capaz de cuidar da minha mãe, não como profissional. Amor demais, passado demais, histórias demais. Definitivamente, eu não era a pessoa. Minha irmã a levou à consulta. Na época, tínhamos um acordo: eu, com minha carreira de médica decolando, pagava o plano de saúde e os remédios. Caberia a Ana Cecília acompanhá-la nas consultas – até então, apenas rotineiras.

– É depressão – decretou o geriatra.

Receitou antidepressivos. Quase dois meses depois, estava claro que não houvera melhora.

Pedi a um amigo geriatra que acompanhasse o caso. Ele concordou com o colega.

– Vamos mudar o antidepressivo – sugeriu.

Assim foi feito. Porém o quadro não apenas não melhorou, como ainda piorou nas semanas que se seguiram. As quedas se tornaram mais frequentes e injustificadas. Um neurologista foi ouvido e também arriscou a hipótese da depressão.

Para mim, estava esquisito demais.

Nos dias seguintes, comecei a observar certa atrofia na mão. Uma depressão não produziria esse sintoma. Submetemos minha mãe a uma *via crucis* de especialidades médicas e exames. Tomografia: normal. Teste cognitivo: nenhum sinal de demência. No entanto, minha mãe só piorava, até o ponto de não mais sair da cama. Minha irmã sugeriu uma cuidadora. Resisti à ideia – até que começaram os engasgos.

– Claudia, mamãe está engasgando muito – disse minha irmã ao telefone. – Não dá mais para deixá-la sozinha. Eu é que estou dando comida para ela.

Era agosto de 2015. Decidi levar minha mãe para a casa de repouso onde eu trabalhava. Lá, teria o melhor tratamento para suas crescentes fragilidades. Perguntei se ela toparia.

– Lá eu vou te ver mais vezes – argumentei.

Ela concordou.

Na minha casa nunca tivemos preconceito em relação a casas de repouso. Conhecíamos pessoas que viviam nesses lugares e nem por isso tinham sido "abandonadas" pela família. Pelo contrário. Para nós, era um ambiente de cuidados adequados e, frequentemente, de formação de laços de amizade.

No dia em que fiquei de levá-la, minha mãe despertou se sentindo ótima. Arrumou as próprias coisas, passou batom e entrou no meu carro como quem parte para uma viagem de férias. Uma vez na casa, renasceu, o que me fez acreditar, durante algum tempo, que talvez tivesse sido mesmo uma depressão. Estimulada pelas cuidadoras e envolvida em uma rotina com atividades que iam de musicoterapia a manicure – havia até cabeleireira, uma vez por semana –, minha mãe se fez feliz. Até tratamento dentário houve. Quando eu chegava para vê-la, parecia uma princesa, de cabelo arrumado, maquiagem leve, bem-vestida e com ar alegre. Ainda com alguns episódios de engasgos, esforçava-se em seguir as orientações da fonoaudióloga. Logo ganhou amigos. Adorava o lugar.

– Mãe, você está tão melhor, não quer voltar para casa? – eu perguntava.

– Eu quero ficar, filha. Posso? Me sinto tão bem aqui.

E assim ela foi ficando. O custo era alto, mas encontrá-la tão bem valia todo o esforço.

No começo de março, sete meses depois da mudança para a casa de repouso, ela piorou.

Houve um engasgo muito grave. Grave a ponto de os funcionários da casa decidirem que ela não deveria mais se alimentar pela boca. Qualquer ingestão oral seria um grande risco.

Quando passei visita, notei algo mais: o rosto dela tremia. Contrações leves, involuntárias, ao redor da boca e na testa. No dicionário médico, esse fenômeno se chama fasciculação.

Naquele momento, fiz o diagnóstico. Eu não queria fazer, mas fiz. Eu não queria acreditar que sabia, mas sabia. Tudo fez sentido, então: as quedas, a oscilação dos sintomas, a atrofia nas mãos, os tremores faciais. Agora, ela entrava na fase em que não conseguiria mais se alimentar. Minha mãe tinha esclerose lateral amiotrófica.

Entendi que eu tinha me recusado a cogitar esse diagnóstico. Como filha, era totalmente compreensível que eu pudesse negar este sofrimento. O difícil era entender por que tantos médicos não tinham sido capazes de considerar essa hipótese importante. Mas também entendo que a medicina hoje está tão fragmentada que os médicos especialistas se esforçam para encaixar todo problema de um paciente dentro do que sabem tratar e não dentro do que a doença realmente traz. Até que ficou óbvio demais para ser ignorado. Uma rajada de ar gelado no meu rosto.

A esclerose lateral amiotrófica (ELA) é uma doença degenerativa incurável que afeta os nervos motores. Paralisados, eles deixam de comandar os músculos. O cérebro, porém, mantém-se lúcido, aprisionado em um corpo que não mais responde a estímulos. A doença do falecido físico britânico Stephen Hawking.

A princípio, achei que pudesse estar errada. Queria acreditar que estava, mas não fugi. Me lembrei de Laura, uma residente em neurologia que fora minha aluna anos antes, e enviei a ela uma mensagem pelo WhatsApp. Sem dizer que era minha mãe, descrevi os sintomas e pedi orientação.

A resposta não demorou: *Doutora, pelo quadro clínico que você descreve, é esclerose lateral amiotrófica. Minha recomendação é passar uma sonda de gastrostomia, que melhora muito a qualidade de vida. Não aumenta o tempo de vida, mas ela se sentirá melhor, porque o engasgo da ELA é muito doloroso.*

Titubeei muito antes de fazer a pergunta seguinte: *Depois que passarmos a sonda, quanto tempo o paciente vive, em média?*

Seis meses, escreveu Laura.

Fiquei longos minutos contemplando a mensagem. Processando-a. Minha mãe. 76 anos. Seis meses.

Fiz as contas. Não haveria Natal naquele ano.

Continuei a conversa pelo aplicativo.

Gostaria que você visse essa paciente. Ela está na casa de repouso onde eu trabalho. É a minha mãe.

Silêncio do outro lado. Laura aparecia on-line, mas demorou a responder.

Amanhã vou vê-la. Você estará lá às 11? Vamos conversar com a sua mãe.

Laura veio. Decidimos que a tal sonda seria introduzida pela barriga por meio de uma endoscopia. O paciente com ELA pode engasgar não somente com alimentos, mas com líquidos e até com a própria saliva. A providência minimizava os riscos, mas minha mãe precisaria saber o que aconteceria. Depois da visita de Laura, falei:

– Mãe, a gente descobriu o que você tem.

– O que é?

– Esclerose lateral amiotrófica. Você já ouviu falar?

Minha mãe empalideceu sob a camada de blush. Sentada na poltrona, com dificuldade para falar, prestava uma atenção enorme no que eu dizia. Esforçou-se para articular as frases seguintes:

– A doença daquele físico, como é mesmo o nome dele?
– Stephen Hawking.
Ela arregalou os olhos.
– É muito grave, isso.
– É muito grave – confirmei. – E estamos com problema para alimentar você, porque os engasgos ficaram muito fortes.
– Isso tem jeito?
Expliquei que sim e contei que nosso plano era colocar uma sonda por meio da qual ela receberia toda a alimentação necessária direto no estômago.
Ela me interrompeu:
– De jeito nenhum! Não aceito a sonda. Você sabe o que eu penso dessas coisas.
– Mãe, a sonda é valiosa – comecei. – Vai melhorar muito a sua qualidade de vida. Vamos alimentar você e dar todos os remédios por ela.
Mal consegui terminar de argumentar. A médica que eu era explicava, mas a filha que eu era chorava.
Ela observou minhas lágrimas por algum tempo. Por fim, fez um carinho no meu rosto e disse:
– Está bem, eu vou fazer a sonda. Se você acha que é melhor assim, concordo. Eu confio em você.

Eu queria que a sonda fosse colocada no Hospital das Clínicas, não no hospital do convênio. A conversa com a minha mãe aconteceu em uma segunda-feira. Uma amiga querida, Letícia, assistente social do HC, me ajudou a agendar para quinta. O procedimento seria feito com anestesia geral, pois ela estava muito fraca.

Eis que entra na história meu tio Antonio. Uma fortaleza aos 84 anos, ele soubera da piora do estado da irmã e insistia em visitá-la. Como morava em outra cidade, viria de carro com meus primos e chegaria na quinta, dia marcado para a cirurgia. Tentei demovê-lo explicando o cenário aos primos, mas tio Antonio era uma força da natureza.

Eu não queria que ele encontrasse minha mãe dopada, ainda sob efeito da anestesia. Liguei para Letícia e conseguimos remarcar o procedimento para a segunda-feira seguinte. Foi das poucas providências que tomei, porque, no processo de terminalidade da minha mãe, consegui me manter filha, e não médica. Entreguei os cuidados com ela a outro médico especialista em paliativos, o Sérgio, também um grande amigo. Expliquei a ele que não tinha a menor condição de tomar conta do caso.

– Posso ser sua assistente – falei. – Você fala para mim: "Ana, faça uma receita assim ou assado", e eu vou obedecer. Mas não posso tomar a decisão.

No dia em que tio Antonio viria, visitei minha mãe logo cedo.

Encontrei-a fazendo as unhas. Uma mão estava entregue à manicure; a outra, apoiada em um suporte, estava conectada ao soro.

Quando uma pessoa está em situação terminal, não há nenhuma justificativa técnica para a prescrição de soro. Em um organismo que não funciona bem, a hidratação pode causar inchaço e incômodo. Sérgio sabia disso, mas tinha achado minha mãe um pouco desidratada naquela manhã e fizera a prescrição pensando em preservar-lhe os rins para a cirurgia de segunda-feira.

Ao vê-la no soro, porém, senti uma paz inédita, como nunca antes na vida. Descobri que o soro serve para conter o desespero de uma família. Se o objetivo é esse, está indicado e deve ser prescrito – ainda que, como médica, eu saiba que não tem nada que possa ser minimizado com sua prescrição, exceto o sofrimento por sua ausência…

– Está fazendo bem esse soro, hein, mãe? Gostei! – falei, brincando com ela.

Estava tão linda! Cabelo feito, unhas impecáveis pintadas de vermelho, batom igualmente vermelho – sua marca registrada.

A vida inteira, minha mãe foi assim. Mesmo fraca, mesmo com dificuldade para falar, Cecília seguia sendo Cecília, a mulher mais linda e serena da minha vida.

Meu tio e ela passaram horas conversando no jardim. Até hoje não sei sobre o que falaram, mas tenho certeza de que era só amor o que preenchia as entrelinhas e os olhares entre eles.

No sábado, antevéspera da colocação da sonda, eu ministraria meu primeiro curso sobre cuidados paliativos para estudantes de Medicina. Duraria o dia todo e havia 15 inscritos. Eu estava ansiosa: tinha sido uma longa batalha para colocá-lo em pé e a recepção fora a melhor possível.

Às seis da manhã, meu celular tocou. Era a enfermeira da casa de repouso.

– Doutora, sua mãe está com dificuldades respiratórias. Já falei com o Dr. Sérgio, ele está vindo para cá.

Meu coração afundou no peito. O chão amoleceu debaixo dos meus pés. Os pensamentos desesperados na minha mente. E a necessidade de fazer perguntas objetivas.

– Como está a respiração dela?

A enfermeira começou a descrever. Interrompi:

– Você acha que é a respiração agônica?

Ela começou a chorar. Agradeci o telefonema e desliguei.

Primeiro liguei para minha filha.

– Vai ver a vovó, Maria Paula. A vovó está indo.

Minha filha foi praticamente criada por minha mãe. Naquele ano (já era 2016), ela estava fazendo os exames de admissão para a faculdade de Medicina que queria cursar na Alemanha. Porém, semanas antes, tinha pedido para voltar ao Brasil e deixar os testes para a temporada seguinte. Quando perguntei por quê, ela dissera: "Não sei, mãe. Só sinto que tenho que voltar."

Naquela manhã de sábado, entendi.

– Amor, agora descobrimos por que você queria voltar para casa...

Liguei também para meu ex-marido e pedi que levasse nosso filho caçula, Henrique, à casa de repouso.

– Ele tem aula, Ana. É grave assim? – perguntou.

– Sim. Não temos mais tempo – respondi.

Enquanto me vestia, pensava quem poderia me substituir no curso. Não sei de onde vem essa concentração absoluta que toma conta de mim em momentos de desespero. Apenas vem. Henrique, pensei. Ninguém melhor do que esse jovem médico que fora meu residente na especialização em Cuidados Paliativos. Tínhamos nos tornado grandes amigos e trabalhávamos juntos.

Liguei. Ele atendeu no primeiro toque.

– Oi, Henrique, tudo bem?

– Tudo bem, e a senhora, doutora? – Henrique, sempre cerimonioso.

– Não muito bem – respondi. – Como está o seu dia hoje?

– Estou livre, por quê? Precisa de alguma coisa?

As chances de Henrique estar livre em um sábado eram quase as de ganhar na Mega-Sena. Interpretei como um sinal.

– Precisaria que você desse uma aula no meu lugar. Expliquei a situação.

Ele aceitou sem pestanejar.

Mas eu não queria deixá-lo sozinho com essa missão de última hora. Liguei para Mônica, uma enfermeira especializada em paliativos, profissional extraordinária. Repeti as perguntas. Mônica também podia. Liguei ainda para a Letícia, a mesma que tanto me ajudara na questão da gastrostomia, para cobrir outra parte do programa. Ela também podia.

Todos estavam livres naquele sábado. Todos foram. Ainda assim, eu me senti na obrigação de dar a primeira aula. Quando cheguei, Henrique, Mônica e Letícia já estavam lá, além dos 15 estudantes de medicina inscritos.

– Bom dia a todos! – saudei.

À medida que explicava o que estava acontecendo, via a consternação na face dos alunos. Disse que tinha preferido manter o curso e que daria apenas a primeira aula. Assegurei que estariam nas melhores mãos.

– Doutora, é a sua mãe – disseram alguns. – Vá!

– Tenho certeza de que vai acontecer o melhor – respondi. – Se for melhor que vá antes, ela irá. Se estiver viva, ficarei com ela. Tenho certeza de que ela compreende a importância desta aula. Minha mãe sabe o quanto eu lutei para estar onde estou hoje.

Foi surreal.

Da aula, saí correndo para a casa de repouso. No caminho, do táxi, mandei mensagem para Maria Paula perguntando como estava a avó. *Agitada, mas foi medicada e está mais tranquila*, ela respondeu. Escrevi: *Avisa a vovó que em 15 minutos estarei aí.*

Em 15 minutos eu estava ao lado dela.

O quarto estava cheio: meus filhos, meu ex-marido com a atual esposa, minha irmã, tio Antonio e meus primos, todos intensamente comovidos.

– Mãe, estou aqui, cheguei – falei, chorando muito.

Ela abriu os olhos, sorriu. Eu estava nos seus olhos pela última vez na minha vida. E o que vi foi que eu era amada. Então, missão cumprida, minha mãe deu o último suspiro.

Só depois eu soube que, até minha chegada, ela estava sem respiração havia oito minutos. Ninguém tinha me contado, nem houve tempo para fazê-lo quando entrei, intempestiva.

A maior tristeza da minha mãe era lembrar que minha avó tinha morrido sozinha. Ela não deixou meu pai morrer sozinho. Esteve com minha irmã até o final. Sempre se queixava que sentia minha falta, que tinha saudades... E eu explicava que estava trabalhando...

Parei o trabalho naquele dia para estar com ela. Minha mãe voltou, me viu e então se foi de vez. Ela sabia então que não estava sozinha de mim.

A morte da minha mãe foi a mais linda que conheci.

Ela foi uma pessoa que viveu intensamente sua religiosidade católica e valorizou a nós, seus familiares, mais do que tudo. Morreu em um 19 de março, Dia de São José, a quem sempre chamou de padroeiro da nossa família. Foi enterrada em um Domingo de Ramos, que, depois do Natal e da Páscoa, é o dia mais feliz para a Igreja Católica, marcando a chegada de Jesus a Jerusalém. No velório, o padre distribuiu ramos entre os presentes, improvisando uma procissão. Uma procissão para Cecília. Vieram elogiar a linda homenagem que eu supostamente havia organizado para ela.

– Nossa, Ana, que coisa linda que você fez para homenagear sua mãe!

– Não fiz nada... Não fui eu quem pediu ao padre para fazer o que fez...

Ela teria feito questão da missa de sétimo dia. Liguei para a secretaria da paróquia de São Benedito, em São Paulo, que minha mãe frequentava, e tentei marcar para o domingo de Páscoa.

– Não dá para marcar nesse dia, moça. É um dia de alegria – respondeu a funcionária.

– Você não está entendendo – argumentei. – Minha mãe está muito feliz porque está com meu pai, com a minha avó, com a minha irmã, minha tia. Ela deve estar exultante lá em cima!

A moça riu.

– Ah, é a Dona Cecília, não é? Vou conversar com o padre.

A missa oficial ficou para a terça-feira. Mas eu fui à cerimônia da Páscoa.

Ao longo de toda a vida, minha mãe havia insistido comigo para que fosse à missa e comungasse pelo menos na Páscoa. E eu não ia. Aquela Páscoa, porém, era diferente. Me arrumei conversando com ela.

– Mãe, dessa vez não teve jeito de escapar, você conseguiu me fazer ir à missa em um domingo de Páscoa – eu dizia baixinho, e sorria por dentro.

Entrei na igreja e sentei num dos primeiros bancos. O padre me viu. Começou a celebração assim:

– Hoje é a Páscoa definitiva de Cecília Quintana.

Cecília, que morreu sem passar sonda porque ia receber a visita do irmão no dia marcado para a cirurgia.

Cecília, que morreu cercada pela família que tanto amava e que voltou, depois de oito minutos, somente para sorrir para mim.

Cecília, que ganhou missa na Páscoa.
Cecília, que ganhou procissão com ramos em seu velório.
Kalotanásia.
Tudo perfeito.

UMAS POUCAS PALAVRAS SOBRE A MORTE PERFEITA

Desejava tanto tomar bênção de pai e mãe, juntar uns pios, umas nesgas de tarde, um balançado de tudo que balança no vento e tocar na flauta. É tão bom que nem ligo que Deus não me conceda ser bonita e jovem – um dos desejos mais fundos da minha alma. "O Espírito de Deus pairava sobre as águas..." Sobre o meu, pairam estas flores e sou mais forte que o tempo.

Adélia Prado

A morte da minha mãe me ajudou a compreender, em sua essência, o conceito de kalotanásia, ou morte bela. Diferente da ortotanásia (a morte no momento certo) e da eutanásia (a morte boa, mas provocada), a kalotanásia pode ser definida como a morte que faz sentido na história de cada pessoa, individualmente. Segundo artigo de Ciro Augusto Floriani,[*] médico renomado da área de conhecimento chamada de antroposofia, o termo "boa morte" tem duas origens. Uma provém de *eu, thánatos* (*eu*: boa; *thánatos*: morte), daí a palavra *eutanásia*, significando, em seus primórdios, a morte suave, indolor, rápida, o morrer bem – atualmente, entendida como a morte desejada e solicitada pelo paciente, fundamentada em sua decisão autônoma. A outra origem do termo provém de *kalós, thánatos* (*kalós*: bela; *thánatos*: morte), significando a morte bela, nobre e exemplar. Esse tipo de enfrentamento da morte, de morrer nobremente – de *kalós thanein* –, situa-se entre as categorias do belo e do heroico; de fato, as categorias da beleza e do heroísmo são construções a partir da *aisthesis*, a qual indica, ao mesmo tempo, a sensibilidade (ou

---

[*] "Moderno movimento hospice: kalotanásia e o revivalismo estético da boa morte". Em *Revista Bioética*, vol. 21, n. 3. Brasília, set/dez. 2013. Disponível em <bit.ly/2RfLs1h>, acesso em 1º set. 2019.

faculdade de sentir) e a sensação (ou ato de sentir), que, por sua vez, se referem tanto ao conhecimento sensorial de um objeto (ou percepção) como ao conhecimento da sensação dessas qualidades.

Em 1997, o Institute of Medicine definiu assim a "boa morte" ou "morte apropriada": aquela que é livre de uma sobrecarga evitável e de sofrimento para o paciente, as famílias e os cuidadores; que, em geral, acontece de acordo com os desejos dos pacientes e das famílias; e que é razoavelmente consistente com as normas clínicas, culturais e éticas.

Um grupo de estudo britânico sobre o envelhecimento, por sua vez, identificou 12 características da boa morte:

1. Saber quando a morte está próxima e compreender o que é possível ocorrer durante o processo
2. Ser capaz de ter controle sobre o que ocorre
3. Ter dignidade e privacidade garantidas
4. Ter controle sobre o alívio da dor e sobre outros sintomas
5. Ter controle e poder escolher onde morrer (em casa ou em qualquer outro lugar)
6. Ter acesso à informação e à expertise necessárias
7. Ter acesso a qualquer suporte espiritual ou emocional necessário
8. Ter acesso aos cuidados paliativos em qualquer lugar, não somente em hospitais
9. Ter controle sobre quem estará presente e com quem compartilhará o fim da vida
10. Ser capaz de encaminhar diretivas antecipadas que assegurem que seus desejos serão respeitados

11. Ter tempo para dizer adeus e controle sobre outros aspectos do tempo
12. Ser capaz de partir quando for o tempo e não ter a vida prolongada inutilmente

Todas essas características são encontradas em diversas narrativas sobre o que seria a boa morte. Além delas, verificam-se, entre outras, a consciência da morte pelo paciente, o respeito aos desejos dele e os ajustes sociais, com os resgates e contemporizações possíveis. Ter ajuda em vários níveis, tanto para o paciente quanto para os entes próximos (cuidador, família e amigos íntimos), inclusive na fase de luto, também conta para uma boa morte, o fim que devemos almejar para nossa vida.

EPÍLOGO

PEQUENO MANUAL PARA FALAR A VERDADE

Todos os pacientes moribundos sabem que vão morrer. Não se trata de perguntar: "Será que contamos a ele?" ou "Será que ele já sabe?". A única pergunta a se fazer é: "Será que posso escutar o que ele tem a dizer?"

Elisabeth Kübler-Ross

Ele/ela não quer saber.
Não vai ser capaz de aguentar a notícia.
Vai ficar em depressão e se entregar.
Vai desistir de viver.
Pra que contar isso? Vai ser horrível!

É assim que a família ou os amigos me explicam o que está acontecendo, aos sussurros, olhando de lado para ver se alguém nos ouve – especialmente aquele alguém de quem falamos. Já ouvi isso vezes sem fim. Respeito a dor, mas sei que essa postura, que tem a melhor intenção do mundo, a de proteger, pode também "proteger" meu paciente de uma passagem lúcida, serena, após ter resolvido tudo o que ainda pode ser resolvido na vida que está terminando mas que ainda é sua vida. Já presenciei muitas vezes a serenidade que isso traz, então desenvolvi uma técnica para dizer a verdade. Lembrando que verdade é como remédio: tem dose e horário para tomar.

Encontro o paciente e a conversa se desenvolve assim:

– Olá, Sr./Sra. (primeiro nome). Eu sou a Dra. Ana Claudia, a médica que vai cuidar de você. Hoje e nos próximos dias eu vou receber todos os seus exames, todo o seu histórico de cuidados dos tempos antes de mim. Vou estudar o seu caso com muita atenção e entender tudo o que está acontecendo com você, em cada detalhe. Mas preciso saber agora o que mais te fez sofrer até hoje desde que começou a ficar doente. E também gostaria de saber se você quer saber o que vou descobrir depois de estudar os seus exames.

A resposta mais comum para a segunda pergunta é: "Quero." Afinal, muitos estão desorientados em relação à avalanche de acontecimentos recentes. Passaram por vários médicos, fizeram exames incontáveis, cansativos, demorados. E sentem-se inseguros e tristes, pois seu corpo insiste em lhes trazer muito sofrimento. Uma fala clara assim pode soar quase como um alívio. Então, supondo que a resposta seja "Quero", prossigo:

– Mesmo que eu não tenha algo bom para te contar, você vai querer que eu te diga?

Dificilmente alguém diz não. A ignorância sempre parece mais sombria. Conto com isso, mas estou preparada caso a resposta seja diferente.

No dia seguinte, volto para nova visita.

– Estudei os seus exames e agora já sei tudo o que está acontecendo com você. Eu realmente não tenho boas notícias. Você quer que eu espere a sua filha/o seu marido/outra pessoa importante, para conversar com você na presença dessa pessoa? Talvez você se sinta melhor assim.

Quando coloco a situação dessa maneira, já está claro que não é simples. Ao mesmo tempo, reconheço que será difícil ouvir. Então, dou ao paciente a chance de escolher quais são as pessoas mais adequadas para estar ao lado dele nesse momento; ele está no comando. Não é raro que eu ouça:

– Ah, não precisa, eu me preocupo com a reação da minha filha/do meu marido/da minha esposa/outra pessoa importante. Melhor que seja poupada/o nesse instante.

Meu paciente é protagonista da sua vida e escolhe quem protege. Ele quase sempre quer *proteger* alguém que ama.

Então eu revelo a verdade. A resposta a seguir é real, foi dita a um paciente anos atrás.

– Você tem um câncer no pulmão e esse câncer está em um momento muito difícil. Faremos todo o possível para te dar a oportunidade de não ter dor, não sentir falta de ar, não sofrer qualquer desconforto. Todos esses sintomas que você tem agora eu sei tratar e vou tratar. Mas o câncer não tem como tratar.

Dei a má notícia, mas só depois de ter oferecido a chance de recusar recebê-la.

Também falo de próximos passos. E falo de alívio. Mas a conversa ainda não termina.

– Preciso compartilhar algumas informações sobre o que eu descobri nos seus exames com a sua família. Quem você quer que te represente? Posso não mais tocar nesse assunto com você, mas eu preciso de alguém da sua família, da sua confiança, com quem eu possa conversar sobre o seu tratamento. Assim, mesmo que venha uma coisa muito grave, eu vou saber o melhor que poderemos fazer por você.

E aí meu paciente reassume a autonomia, nem que seja para decidir quem pode decidir por ele, caso ele não queira ou não possa fazê-lo. "Fala com o meu marido" ou "Fala com a minha mãe" ou "Não fala com a minha mãe, fala com a minha irmã".

Naturalmente, há muitas famílias que pedem ao médico

para não ter essa conversa. Nesse caso, antes de discutir para tentar impor qualquer opinião minha que seja diferente da família, eu pergunto:

– Como foi que seu familiar que agora está gravemente doente vivenciou os problemas sérios ao longo da vida? Ele/ela era do tipo que sempre enfrentou as adversidades sem medo ou precisava de alguém para resolver para ele/ela?

Quando a resposta é que a pessoa em questão era corajosa e enfrentava tudo, argumento:

– Por que vocês acreditam que agora, justamente quando está diante de um dos maiores desafios da vida, essa pessoa não vai conseguir enfrentar? Pode ser um momento de muitas decisões importantes! Ele/ela está com um câncer em estágio avançado e o fato de não saber não vai impedi-lo/la de vivenciar todo o processo que está acontecendo dentro do corpo.

Lembro, então, à família que o exame pode ser escondido na gaveta, mas a doença e seus efeitos no corpo, não.

É justo não falar sobre a morte?

CRÉDITOS DAS CITAÇÕES

p.9: Susana Moreira Marques, em AGORA E NA HORA DE NOSSA MORTE, Edições Tinta-da-China, Lisboa, 2012.

p.17: AS PALAVRAS, de Clarice Lispector, Editora Rocco, 2013. Créditos: Clarice Lispector, e herdeiros.

p.35: André Gravatá, em INADIÁVEL, Editora 7 Letras, 2017.

p.49: AS PALAVRAS, de Clarice Lispector, Editora Rocco, 2013. Créditos: Clarice Lispector, e herdeiros.

p.59: Adélia Prado, poema "Missa das 10", in O PELICANO, Editora Record.

p.71: AS PALAVRAS, de Clarice Lispector, Editora Rocco, 2013. Créditos: Clarice Lispector, e herdeiros.

p.85: Zack Magiezi, em ESTRANHERISMO, Bertrand Brasil, 2016.

p.95: Manoel de Barros, livro "Memórias inventadas", Editora Alfaguara.

p.105: André Gravatá, em INADIÁVEL, Editora 7 Letras, 2017.

p.119: AS PALAVRAS, de Clarice Lispector, Editora Rocco, 2013. Créditos: Clarice Lispector, e herdeiros.

p.129: Adélia Prado, livro "Manuscritos de Felipa".

p.141: André Gravatá, em INADIÁVEL, Editora 7 Letras, 2017.

p.157: AS PALAVRAS, de Clarice Lispector, Editora Rocco, 2013. Créditos: Clarice Lispector, e herdeiros.

p.169: Manoel de Barros, livro "Memórias inventadas", Editora Alfaguara.

p.175: trecho autorizado por Fernando Aguzzoli.

p.179: Adélia Prado, poema "Um bom motivo", in O CORAÇÃO DISPARADO, Editora Record.

p.187: Adélia Prado, poema "A esfinge", in O PELICANO, Editora Record.

p.198: Adélia Prado, poema "Ensinamento", in BAGAGEM, Editora Record.

p.213: Adélia Prado, poema "Flores", in O CORAÇÃO DISPARADO, Editora Record.

p.217: Elisabeth Kübler-Ross, em A RODA DA VIDA, Sextante, 2017.

AGRADECIMENTOS

Num dia desses de rotina, almoço na padaria ao lado do consultório. Tomando o café depois da refeição, pensamentos perdidos... olho em volta, reparo no olhar de uma mulher e me espanto: "Nossa, igualzinho ao da minha mãe!" Era um olhar tão doce, daqueles que abraçam a gente só com o brilho, de quem parece ouvir mesmo distante... um olhar profundo de um tanto que até constrange.

Então meu peito se abriu de dor, lágrimas grossas saíram livres dos meus olhos, senti uma saudade muito grande e uma paz imensa. Fiquei com vontade de agradecer à mulher que me olhava daquele jeito... e aí peguei a xícara, levei aos lábios e, assustada, vi que era a minha própria imagem, refletida por um jogo de espelhos e vidros.

Esse dia trouxe para mim a grande revelação de uma verdade em que sempre acreditei: minha mãe mora mesmo em mim e me vê, até quando eu mesma não me vejo e não me reconheço. E assim é com todos os que me ensinaram a descobrir como ser quem sou, que habitam meu olhar, meu sorriso, minha voz. A todos os que me honraram por ser parte da vida deles, agradeço. Amigos, filhos, pacientes, familiares, colegas, meus pares e até meus ímpares. Sou quem sou por eles, pelo olhar deles, na história deles e, agora, na nossa história.

Essa saudade alivia um pouco a cada dia que posso ser quem sou: a continuidade do que aprendi com todos os encontros. Que assim seja em todas as histórias lindas de viver e de morrer.

Muito obrigada.

CONHEÇA OS LIVROS DE
ANA CLAUDIA QUINTANA ARANTES

A morte é um dia que vale a pena viver

Histórias lindas de morrer

Pra vida toda valer a pena viver

Mundo dentro

Cuidar até o fim

Para saber mais sobre os títulos e autores da Editora Sextante,
visite o nosso site e siga as nossas redes sociais.
Além de informações sobre os próximos lançamentos,
você terá acesso a conteúdos exclusivos
e poderá participar de promoções e sorteios.

sextante.com.br